單周堯 著

文史哲學集成

左傳學論集

文農

文史哲出版社印行

左傳學論集 / 單周堯著. -- 初版. -- 臺北市：文
史哲,民 89
　　面；　公分. -- (文史哲學集成 ；418)
含參考書目
ISBN 957-549-268- (平裝)

1.經學－左傳－論文,講詞等

621.74

文史哲學集成　㊽

左 傳 學 論 集

著　　者：單　　　周　　　堯
出 版 者：文　史　哲　出　版　社
登記證字號：行政院新聞局版臺業字五三三七號
發 行 人：彭　　　正　　　雄
發 行 所：文　史　哲　出　版　社
印 刷 者：文　史　哲　出　版　社
　　　臺北市羅斯福路一段七十二巷四號
　　　郵政劃撥帳號：一六一八○一七五
　　　電話 886-2-23511028 · 傳眞 886-2-23965656

實價新臺幣二四○元

中 華 民 國 八 十 九 年 二 月 初 版

序

　　《春秋》三傳，歷代學者於《左傳》徵引論說最多，爭議辯難也最頻繁。《左傳》研究久已形成專門之學。1992 年，沈玉成先生曾有《春秋左傳學史稿》出版，書厚達四百餘頁，仍祇能敘述此學大略，可知《左傳》研究內涵非常豐富，而且存在許多有待探究的奧蘊。

　　香港大學中文系單周堯教授，二十年前在英國與我結識。其後每得晤見，必相論學，使我獲知他治學功力深湛，規模宏遠，尤能於小中見大，發前人所未發。單周堯先生多年沈潛《左傳》，多有獨到識見，1994 年以來在香港、山東兩次組織《左傳》的學術研討會，極有成就。現在他的《左傳學論集》大著即將問世，在前來北京清華大學演講之際，賜示徵序，我在繹讀讚歎之餘，深感欣幸。

　　單周堯先生的《左傳學論集》所收論文，從篇題看多係對海內外學者關於《左傳》的作品進行評議，但其內容實質絕不限於此，各篇所討論的，都是《左傳》研究的一些帶有根本性的問題。如《高本漢左傳作者非魯國人說質疑》論《左傳》著者及其時代,《錢鍾書管錐篇杜預春秋序札記管窺》論《左傳》本旨和其義例,《論章炳麟春秋左傳讀時或求諸過深》與《訓詁與翻譯——理雅各英譯左傳管窺》論怎樣認識理解《左傳》,都是《左傳》研究者普遍關心的。希望讀者對單先生在這些問題上的創見不要錯過。

三十年代,馮友蘭先生著《中國哲學史》,以先秦為"子學時代",漢以下為"經學時代",舉清末民初學者井研廖平先生為後者之殿軍,認為廖氏"經學六變",證明舊瓶裝新酒已臻極限,經學不再能適應新的思想發展,是為"經學時代"的結束。馮先生所說甚有理致,不過"經學時代"固然早已結束,經學的歷史意義還大有待於探索研究。

中國的經,自晚周陸續形成以來,在傳統文化中始終居特殊重要的地位。清代學者倡言"六經皆史",是一種進步的思想趨向,但全然"夷經於史",抹殺經在傳統文化中的核心位置,卻又不合於歷史的實際。專攻經學的周予同先生在六十年代力說，經學在中國"始終作為'正統'，它關涉到我國幾千年來的政治、文化、思想、哲學等發展的各個方面。……要批判和繼承我國的文化遺產，就脫離不了經學。"

現在很少中國人系統地研究經和經學，然而兩千多年經學所蘊含的大量學術問題，仍然傳流在當前的種種學科之中。文獻、歷史、考古、文學，以至歷史地理、科技史等等方面的一系列重大問題，都在不同程度上可以追溯到經學。經學研究和論爭所產生的許多成果，以及偏見，還深深影響　學科的前進，祇是常不為人們察覺而已。

近年有不少重大的考古發現，促使中外學者更多地重視經學的研究，這就是大批竹簡帛書的出土。特別是如臨沂銀雀山、長沙馬王堆、定縣八角廊、荊門郭店、慈利石板村等批簡帛，包含了多種佚籍，必須與經學研究配合，纔能得到釋讀解說。其中一些，正直接關係到《左傳》。前述關於《左傳》研究的學術會議，即以這一點為其契機。我在參加簡帛整理研究的過程中，經常感到自己《左傳》知識的不足。

因此，在讀到單周堯先生《左傳學論集》這樣深入紮實的專著時，心中的快愉讀者不難想見。謹以這些斷續的感想，權作本書的推薦。

李學勤

二〇〇〇年一月卅一日

左傳學論集

目錄

高本漢《左傳》作者
非魯國人說質疑

一

談到《左傳》的作者問題，眾說紛紜，莫衷一是。《春秋・序》孔穎達（574-648）《疏》引沈文阿[1]（503-563）曰：

> 《嚴氏春秋》引《觀周篇》云："孔子將脩《春秋》，與左丘明乘，如周，觀書於周史，歸而脩《春秋》之《經》，丘明為之《傳》，共為表裏。[2]

《觀周篇》是西漢本《孔子家語》中的一篇，

---

[1] 《春秋正義・序》作"沈文何"（見臺北藝文印書館景印清嘉慶 20 年〔1815〕南昌府學重刊宋本《左傳注疏》總頁 4），《隋書・經籍志》作"沈文阿"（見《隋書》頁 930，北京：中華書局，1973 年 8 月），今從《隋書・經籍志》。

[2] 《左傳注疏》總頁 11。

如果上述文獻可靠，那麼，這就是最早提到《左傳》作者的記載了。此外，司馬遷（公元前 145-公元前 86）《史記·十二諸侯年表》也說：

> ……是以孔子明王道，干七十餘君，莫能用，故西觀周室，論史記舊聞，興於魯而次《春秋》，上記隱，下至哀之獲麟，約其文辭，去其煩重，以制義法。王道備，人事浹。七十子之徒，口受其傳指，爲有所刺譏褒諱挹損之文辭，不可以書見也。魯君子左丘明，懼弟子人人異端，各安其意，失其真，故因孔子史記，具論其語，成《左氏春秋》。[3]

《漢書》也認爲是左丘明論輯《春秋》本事而作《傳》，《司馬遷傳·贊》說：

> 及孔子因魯史記而作《春秋》，而左丘明論輯其本事，以爲之傳，又篇異同爲《國語》。[4]

---

[3] 《史記》（北京：中華書局，1972 年 5 月）頁 509-510。
[4] 《漢書》（北京：中華書局，1975 年 4 月）頁 2737。

　　《漢書・藝文志》載有《左氏傳》30 卷，下面寫着作者"左丘明，魯太史"[5]，並且在春秋家小序中說：

> ……仲尼思存前聖之業，乃稱曰："夏禮吾能言之，杞不足徵也；殷禮吾能言之，宋不足徵也。文獻不足故也，足則吾能徵之矣。"以魯周公之國，禮文備物，史官有法，故與左丘明觀其史記，據行事，仍人道，因興以立功，就敗以成罰，假日月以定曆數，藉朝聘以正禮樂。有所褒諱貶損，不可書見，口授弟子，弟子退而異言。丘明恐弟子各安其意，以失其真，故論本事而作《傳》，明夫子不以空言說《經》也。[6]

　　杜預（222-284）則以爲左丘明是孔子的學生，杜氏《春秋左氏經傳集解・序》說：

> 左丘明受《經》於仲尼，以爲《經》者不刊之書也。故《傳》或先《經》以始事，或後

[5] 同上，頁 1713。

[6] 同上，頁 1715。

《經》以終義，或依《經》以辯理，或錯《經》
以合異，隨義而發。[7]

由此可見，自漢至晉的學者都認爲《左傳》的
作者是魯君子左丘明，而左丘明的身份大概是孔子
的後輩或學生，"左丘明"一名，見於《論語》，《論
語·公冶長》說：

子曰："巧言令色足恭，左丘明恥之，丘亦
恥之；匿怨而友其人，左丘明恥之，丘亦恥
之。"[8]

唐代的趙匡，認爲根據《論語》這一章的辭氣，
左丘明應該是孔子的前輩。陸淳《春秋集傳纂例·
趙氏損益義》記載了趙氏的意見：

……且夫子自比，皆引往人，故曰："竊比
於我老彭。"又說伯夷等六人云："我則異
於是。"並非同時人也。邱明者，蓋夫子以

---

[7] 《左傳注疏》總頁 11。
[8] 臺北藝文印書館 1973 年景印清嘉慶 20 年〔1815〕南昌府學重
   刊《十三經注疏》本《論語注疏》總頁 46。

前賢人……如史佚、遲任之流，見稱於當時
耳。焚書之後，莫得詳知；學者各信胸臆，
見《傳》及《國語》俱題"左氏"，遂引邱
明爲其人，此事既無明文，唯司馬遷云："邱
明喪明，厥有《國語》。"劉歆以爲《春秋
左氏傳》是邱明所爲。且遷好奇多謬，故其
書多爲淮南所駁；劉歆則以私意所好，編之
《七略》……班固因而不革……後世遂以爲
真。所謂傳虛襲誤，往而不返者也。[9]

　　此外，《左傳》中所記載的某些諡號、官爵制
度、學術思想與戰具，比較晚出，似乎是與孔子同
時的左丘明所不應該知道的；而《左傳》所載卜筮，
有不少是預言戰國時事的，而又大都應驗，因此，
頗有人懷疑《左傳》作者是戰國時人，在這些歷史
事件發生以後，才從後傅合，把這些卜筮編造出來。
宋葉夢得（1077-1148）及鄭樵（1104-1162）都曾
經提出這些論點，葉夢得《春秋考・統論》說：

---

[9]　《春秋纂例》頁 2361 下，《經苑》第五冊，臺北：大通書局，
　　1970。

今《春秋》終哀十四年，而孔子卒[10]；《傳》終二十七年，後孔子卒十三年，辭及韓、魏、知伯、趙襄子之事，而名魯悼公、楚惠王。夫以《春秋》爲經，而續之，知孔子者固不敢爲是矣。以年考之，楚惠王卒，去孔子四十七年[11]；魯悼公卒，去孔子四十八年[12]；趙襄子卒，去孔子五十三年[13]。察其辭，僅以哀公孫于越，盡其一世之事爲經終。泛及後事，趙襄子爲最遠，而非止于襄子，不知左氏後襄子復幾何時。豈有與孔子同時，非弟子，而如是其久者乎？以左氏爲丘明，自司馬遷失之也……今考其書，雜見秦孝公以後事甚多；以予觀之，殆戰國周、秦之間人無疑也。[14]

---

[10] 《左傳》哀公十六年說："夏四月己丑，孔丘卒。"（見《左傳注疏》總頁 1041）葉氏說"《春秋》終哀十四年，而孔子卒"，與今本《左傳》不合。據今本《左傳》，則孔子卒於公元前 479 年。

[11] 案：楚惠王卒於公元前 432 年。

[12] 案：魯悼公卒於公元前 431 年。

[13] 案：趙襄子卒於公元前 425 年。

[14] 《春秋考》卷 3 頁 20 上，《武英殿聚珍版叢書》第 60 冊。

葉氏又說：

> ……官之有"庶長"、"不更"，秦孝公[15]
> 之所名也；祭之有"臘"，以易"蜡'"秦
> 惠公[16]之所名也；飲之有"酢"，禮之所無
> 有，而呂不韋[17]《月令》之所名也。今《左
> 氏》記秦敗麻隧，言"獲不更女父"，乃見
> 于成之十三年[18]；晉敗于櫟，言"秦庶長帥
> 師"，乃見于襄之十一年[19]；虞公假道伐虢，
> 宮之奇言"虞不臘"，乃見于僖之五年[20]；
> 鄭子產對晉言"嘗酢"，乃見于襄之二十二
> 年[21]；則安得遽先有是名乎？或曰："古今
> 制名，沿習各有自，未必創起于一時。"是
> 或然矣。然"臘"，祭也；"飲酢"，君臣

---

[15] 案：秦孝公於公元前 361-338 在位。

[16] 案：秦有二惠公，分別於公元前 500-491 及公元前 399-387 在位。惟《史記‧秦本紀》記載，秦於惠文君十二年初臘，惠文君在位時期爲公元前 337-311。

[17] 案：呂不韋於公元前 249 年爲秦相國。

[18] 案：即公元前 578 年。

[19] 案：即公元前 562 年。

[20] 案：即公元前 665 年。

[21] 案：即公元前 551 年。

之盛禮也；不應兆於數百年前而不一見。此
三國之史所追書爾。何以知之？麻隧之敗，
《春秋》本不書，但言"伐秦"而已；此後
之爲晉史者，增書以自誇之辭。左氏狃其聞
見，皆信之而弗悟，則《左氏》固出于秦孝
公、惠公、呂不韋之後矣。非特此也，陳敬
仲入齊[22]，至田和篡齊[23]，去春秋九十餘年[24]，
而記周史筮敬仲之辭曰："子孫代陳有國，
必在姜姓"，見于莊之二十二年[25]。晉分列
爲諸侯[26]，去春秋終百餘年，而記畢萬始筮
仕之辭曰："公侯子孫，必復其始"，見于
閔之元年[27]。周亡[28]，實三十一世，七百餘年，
而記成王定鼎郟鄏，言"卜世三十，卜年七
百"[29]。占者精於術數，類非後世所能及；然

---

[22] 案：陳敬仲於公元前 672 年入齊。

[23] 案：田和於公元前 386 年篡齊。

[24] 案：春秋終於公元前 476 年。

[25] 案：即公元前 672 年。

[26] 案：晉於公元前 403 年分列爲諸侯。

[27] 案：即公元前 661 年。

[28] 案：周亡於公元前 256 年。

[29] 《左傳》宣公三年記王孫滿之言曰："成王定鼎于郟鄏，卜世
三十，卜年七百。"（見《左傳注疏》總頁 367）案：魯宣公

天人茫昧之際，亦不應逆得其所代之姓氏，
所後之子孫，與其存亡之年紀世次，若合符
契如是者！余意此乃周秦之間，卜筮家者流
欲自神其藝，假前代之言，著書以欺後世。
亦左氏好奇，兼取而載之。則《左氏》或出
于周亡之後未可知。[30]

鄭樵則舉出八種證驗，證明左氏非丘明，為六
國時人，其前三證與葉夢得所論略同，茲列其後五
證如下：

……左氏師承鄒衍之誕，而稱帝王子孫。案：
齊威王時[31]，鄒衍推五德終始之運，其語不
經；今《左氏》引之，則左氏為六國人，在
齊威王之後，明驗四也。《左氏》言分星，
皆準堪輿。案：韓、魏分晉之後，而堪輿十
二次，始於趙分曰"大梁"之語；今《左氏》
引之，則左氏為六國人，在三家分晉之後，

三年，即公元前 606 年；而周成王則於公元前 1109 年定鼎於
郟鄏。

[30]　《春秋考》卷 3 頁 20 下。

[31]　案：齊威王於公元前 378-333 在位。

明驗五也。《左氏》云："左師辰將以公乘
馬而歸。"[32]案：三代時有車戰無騎兵，惟
蘇秦合從六國[33]，始有車千乘、騎萬匹之語；
今《左氏》引之，是左氏爲六國人，在蘇秦
之後，明驗六也。《左氏》序呂相絕秦、聲
子說齊，其爲雄辯徂詐，真游說之士，捭闔
之辭；此左氏爲六國人，明驗七也。左氏之
書，序晉、楚事最詳，如"楚師熸"、"猶
拾瀋"等語，則左氏爲楚人，明驗八也。據
此八節，亦可以知左氏非丘明，是爲六國時
人，無可疑者。[34]

　　以上各家所提出的都是相當有力的論據。不
過，《四庫提要》卻認爲這些說法只能證明《左傳》
一書部分成於左丘明之後，不足證實全書的年代。
茲錄其說如下：

　　王安石有《春秋解》一卷，證左氏非丘明者

---

[32] 見《左傳》昭公 25 年，即公元前 517 年。

[33] 案：蘇秦於公元前 333 年合從六國。

[34] 《六經奧論》卷 4 頁 28 下-30 上，《通志堂經解》（清同治 12
年〔1873〕重刊本）第 473 冊。

十一事。陳振孫《書錄解題》謂出依託。今
未見其書，不知十一事者何據。其餘辨論，
惟朱子謂“虞不臘矣”爲秦人之語，葉夢得
謂“紀事終於智伯，當爲六國時人”，似爲
近理。然考《史記・秦本紀》稱“惠文君十
二年始臘”，張守節《正義》稱“秦惠文王
始效中國爲之”；明古有臘祭，秦至是始用，
非至是始創。閻若璩《古文尚書疏證》亦駁
此說曰：“史稱‘秦文公始有史以記事，秦
宣公初志閏月’，豈亦中國所無，待秦獨創
哉？”則臘爲秦禮之說，未可據也。《左傳》
載預斷禍福，無不徵驗，蓋不免從後傅合之。
惟哀公九年稱趙氏“其世有亂”，後竟不
然，是未見後事之證也。《經》止獲麟，而
弟子續至孔子卒；《傳》載智伯之亡，殆亦
後人所續。《史記・司馬相如傳》中有揚雄
之語，不能執是一事，指司馬遷爲後漢人也。
則載及智伯之說，不足疑也。今仍定爲左丘
明作，以袪眾惑。[35]

---

[35]　《四庫全書總目提要》(《萬有文庫簡編》本，上海：商務印書
館，1939) 第 6 冊頁 2。

　　瑞典漢學家高本漢（Bernhard Karlgren）
（1889-1978）在 "On the Authenticity and Nature of
the Tso Chuan" 一文中也有類似的意見，該文有陸
侃如譯本，命名《左傳真偽考》，茲錄陸氏譯文如
下：

　　……王安石曾在他已亡的著作內……指出
　　《左傳》裏有些話（官爵），照他看來，是
　　秦以前所沒有的。但是此種事實至多能證明
　　那一段是插進去或被改動的……[36]

　　高本漢認為古書的校勘可借助語言學，茲引陸
侃如譯文如下：

　　假使你研究一個作家，只注意他的文法的組
　　織，再研究別的作家，再注意他的組織，這
　　裏可以有很大的異點，彷彿甲只用某幾個助
　　詞而不用別的，而乙只用他自己的和甲不同
　　的一套字；換言之，周代文學既然表顯出活
　　的語言，並不像後來雕琢的死文字，那麼在
　　那時文件裏，人們可以根據各種本子的文法

<hr>

[36] 《〈左傳真偽考〉及其他》（上海：商務印書館，1936）頁 59。

的分析來求出各種方言出來。[37]

　　高本漢嘗試用助詞的比較研究來證明《左傳》不是魯國人所作；如果他的嘗試成功，《左傳》自然不是魯君子左丘明所作，高本漢用《論語》和《孟子》來代表魯國的方言，叫它做"魯語"，又把《左傳》的方言簡稱做"左語"，並選了七種助詞來比較：

　　（一）"若"和"如"

　　高本漢說這兩個助詞在古代聲音很不同[38]；其實，"若"字古音日紐鐸部，"如"字古音日紐魚部，雖不是同音字，上古音還是相當接近的（二字同紐，又魚鐸對轉）。高本漢指出，"若"和"如"在古漢語中絕對同義的，有下列兩種意義：（甲）作"假使"、"至於"解；（乙）作"好像"解。他又舉出幾種常用的固定結構。屬甲種意義的，他舉"若（如）某（之）何"；屬乙種意義的，他舉

---

[37] 同上，頁 60-61。

[38] 見 *On the Authenticity and Nature of the Tso Chuan*（臺北：成文出版社，1968）頁 36，陸侃如譯本頁 63。

"不（弗、莫、豈）若（如）"。並把"若"和"如"在左語和魯語中作這兩種意義用的次數表列如下：

		左傳	論語	孟子
（甲）	若（假使）	334		2
	如（假使）	3	17	37
	若某何	82		
	如某何	2	23	20
	若（至於）[39]	11		15
	如（至於）		1	
（乙）	若（像）	3	13	71
	如（像）	199	69	50
	不（弗等）若	1		11
	不（弗等）如	102	12	12
	何若			
	何如	21	20	18
	若何	27		
	如何	2		3

由上表可以見到，作"假使"解時，《左傳》

---

[39] 高本漢原書有"as to"二字（見頁 36），陸侃如譯本漏譯，今補。

很規則的用"若"，只有三處用"如"，那是例外，高本漢認爲那很可能是長期口授同傳寫所改動的；另一方面，魯語也同樣規則的用"如"，只有兩處例外地用"若"。

作"至於"解時，高本漢認爲"便稍微有點紛亂了"[40]。在"若（如）某（之）何"這結構中，《左傳》還是很規則的用"若"（只有兩處例外地用"如"），魯語還是很規則的用"如"；但當"若（如）"獨用而解作"至於"時[41]，《孟子》卻像《左傳》一樣用"若"不用"如"，《論語》則用"如"，但這種獨用的情況只出現一次。由於《孟子》用"若"，與《左傳》同而與《論語》異，跟高本漢的整個理論有所衝突；因此，高本漢不得不承認"稍微有點紛亂"。這實在很值得加以注意。

以上是甲種意義的情況。一般來說，《左傳》一定用"若"，魯語一定用"如"；"若"獨用而

---

[40] 見高本漢原書頁 37 及陸侃如譯本頁 65。

[41] 高本漢原書頁 37 作 "But when 若（如）is used alone in the sense of 'as to'"，陸侃如譯本誤譯作"但是'若（如）'獨用的時候解作'像'"（頁65），今正。

作"至於"解則例外。

　　至於乙種意義，作"像"解時，或者在"不（弗等）若（如）"這固定結構中，《左傳》一定用"如"（只有四處例外地用"若"），魯語則"如"、"若"混用。但這只是籠統的初步分析。細看表中的數字，我覺得有兩點高本漢沒有指出而值得我們注意的：（１）"若（如）"獨用作"像"解時，《孟子》用"若"多於用"如"（71 個"若"，50 個"如"），《論語》則用"如"遠比用"若"多（69 個"如"，13 個"若"），因此，我們不能說《論語》與《孟子》全同而與《左傳》全異（當然，《左傳》199 個"如"，3 個"若"，比《論語》更懸殊）。（２）在"不（弗等）若（如）這固定結構中，《論語》全用"如"，與《左傳》同（《左傳》102 個"如"，1 個"若"），而與《孟子》異（《孟子》"如"、"若"混用，12 個"如"，11 個"若"）。以上兩點都跟高本漢的理論有所衝突。

　　跟疑問字"何"連用時，魯語全用"如"字；《左傳》則根據"何"字在前在後而定，若在前則用"如"（共 21 個"何如"），在後則用"若"（27

個"若何",兩個"如何"爲例外）。

高本漢的結論是：乙種意義——除了在"若何"這固定結構中,《左傳》一定用"如"；魯語則兼用"如"、"若",除了跟疑問字"何"連用,那便只用"如"。

（二）"斯"解作"則"。

高本漢指出,"斯"作"則"解,在魯語很常見。另一方面,《左傳》雖然有幾百個"則"字,卻只有四個"斯"字用作"則",其中兩個在"君子曰"的說話裏,另外兩個也是在引別人的話裏。所以可以說,作"則"解的"斯"字,在《左傳》中差不多完全沒有。

（三）"斯"解作"此"。

高本漢又指出,"斯''字作爲指示代名詞和形容詞,解作"這個",在魯語中很常見,在《左傳》中則沒有。

（四）“乎”解作“於”。

　　高本漢指出，解作“在”的最普通的介詞是
“於”和“于”，而作同樣用的“乎”字，在魯語
裏是一個規則的常用的介詞，計《論語》共 28 處，
《孟子》共 47 處；而在《左傳》裏，卻絕無僅有。

（五）“與”解作“乎”。

　　高本漢指出，“與”解作“乎”，用作疑問字，
在魯語裏很常見，在左語則沒有。

（六）“及”和“與”解作“和”。

　　高本漢指出，在左語裏，作“和”解的“與”
和“及”都有，而“及”字尤其通行；而魯語只用
“與”字。

（七）“於”和“于”。

　　高本漢指出，“於”和“于”在古代不同音[42]。

---

[42] 見高本漢原書頁 42 及陸侃如譯本頁 70。

案：《廣韻》"於"字"央居切"一音，中古屬影
紐魚韻開口三等，以此推之，上古屬影紐魚部；
"于"字"羽俱切"，中古喻紐虞韻合口三等，上
古匣紐魚部。根據《廣韻》上推，在先秦時，二字
大抵主要元音相同，聲母不同，介音也不完全相同。

　　高本漢把他的討論限於"於"和"于"的原
始、具體的意義，特別是下列三種不同的用處：

　　（甲）用如法文的 chez, auprès de, vis-à-vis de，
置於人名之前，《左傳》多用"於"字。例如"請
於武公"，"公問於眾仲"，"有寵於王"，"言
於齊侯"，"晉君宣其明德於諸侯"。

　　（乙）用如英文的 at, to，或法文的 à，置於地
名之前，《左傳》多用"于"字。例如"敗宋師于
黃"，"至于稾延"，"遂田于貝丘"。

　　（丙）用如英文的 in, into，法文的 dans，表示
地位所在或動作所止，但其下不是地名，故與（乙）
項不同。《左傳》"於"、"于"混用，例如"見
孔父之妻于路"，"殺孟陽于牀"，但又有"淹久

於敝邑”，“趙旃夜至於楚軍”。

　　高本漢做了一個統計表如下：

		於	于
（甲）	用如 auprès de	581	85
（乙）	用如 à	97	501
（丙）	用如 dans	197	182

　　從表中可見，用如法文的 auprès de, chez, vis-à-vis de，置於人名之前時，用“於”是用“于”的七倍；用如法文的 à，置於地名之前時，用“于”是用“於”的五倍；用如法文的 dans，表示地位所在或動作所止，但其下不是地名時，用“於”和用“于”數目大致相同。

　　高本漢指出，上列的比例，在《左傳》全書各部份是一致的。

　　此外，高本漢又指出兩點，很值得我們注意：

　　（１）用如法文的 auprès de 時，“于”雖佔少數，但仍有 85 次；用如法文的 à 時，"於"雖佔少數，但也有 97 次，這到底是由於在左語裏"於"和"于"已開始混亂，還是純粹因爲傳寫致誤？照道理說，只要這兩個字的發音仍然不同，學者口頭傳授的時候，一定可以保存《左傳）中原有的"於"、"于"的分別；但當它們的發音漸漸變得相近，傳授的人在語感上覺得它們同義，於是很容易便會忽略書中原有的異點了。因此，高本漢認爲在原書中這些規則很可能比在統計表上所見到的還要嚴密。此外，那些忠實的學者能純粹機械地保存他們當日已不能了解的異點，高本漢也感到驚奇。

（2）《欽定春秋傳說彙纂》本《左傳》中的"於"和"于"很混亂；但高本漢做統計所根據的《四部叢刊》本《左傳》，與阮元（1764-1849）的《十三經注疏》本、陸德明（556-627）的《經典釋文》、及伯希和（Paul Pelliot）（1878-1945）在敦煌所發現的四段很長的六朝稿本、唐稿本《左傳》殘簡，就"於"和"于"的分配來說，卻相當一致。

高本漢指出的這兩點，我們在下文還要討論，高本漢又指出，左語裏"於"、"于"的分別，在

魯語裏並不存在，魯語只用“於”字。高本漢作一
比較表如下：

		左語	魯語
（甲）	用如 auprès de	於	於
（乙）	用如 à	于	於
（丙）	用如 dans	於、于	於

　　高本漢根據上述七項標準，得到的結論是：《左
傳》的語法，與《論語》、《孟子》所代表的魯語的
語法很不同，因此，《左傳》不是孔子作的，也不
是孔門弟子作的，也不是司馬遷所謂“魯君子”作
的，因為此書是用一種與魯語完全不同的方言寫
的。不過，《左傳》是一個人或同一學派中的幾個
同鄉人作的，因為它的語法是全書一致的。

二

　　衛聚賢為陸侃如的譯本寫了一篇跋，認為中國
古籍上的“於”和“于”的分別，有時間性而無空
間性。衛氏指出，甲骨文、金文、《尚書》[43]、《詩

---

[43] 衛氏於“《尚書》”後注明“今文二十八篇”，又注云：“《尚

經》[44]、《春秋》都用"于"做介詞，《左傳》、《國
語》、《論語》、《孟子》、《莊子》則"于"和"於"
並用作介詞。他又說，"於"和"于"的比例，

《左傳》為 19：17[45]
《國語》為 9：2
《論語》為 21：1
《孟子》為 96：1

書》中有九個 '於' 字，但《堯典》、《益稷》的三個 '於' 字
作感歎詞 '烏' 字用。《金縢》的兩個 '於' 字，《尚書大傳》
引作 '于'。《酒誥》的兩個 '於' 字，《吳語》章《註》引作
'于'。下剩了《金縢》、《顧命》的兩個 '於' 字，當係後人
傳寫錯誤。"

[44] 衛氏原注曰："《詩經》中有四十四個 '於' 字，除作感歎詞
'烏' 字用外，下餘十三個作介詞用的。但《靜女》的 '於'
字《說苑》引作 '乎'。《十駕齋養新錄》卷一說：'于、於
兩字義同而音稍異，《尚書》、《詩經》例用于字，《論語》例用
於字，唯引《詩》、《書》作于字。今字母家以於屬影母，于屬
喻母，古音無影、喻之別也。' 可見《詩》中的 '於' 字古本
作 '于' 字，今本被後人傳寫錯誤而有了十五個 '於' 。"

[45] 衛氏原注指出，高本漢原書頁 44 有一表，歸納起來為：於（581
＋97＋197）：于（85＋501＋182）＝於 875：于 769＝於 19：
于 17。衛氏沒有像高本漢那樣，將"於"和"于"在不同用
法中的比例分別計算。

《莊子》爲 849：1

衛氏說，由此可見“於”和“于”的升降之際
了。他又指出，戰國的金文，如《陳財敦》，也用
“於”作介詞。[46]

胡適（1891-1962）在《〈左傳真僞考〉的提要
與批評》中指出，衛氏之說，也有相當的價值，因
爲文法的變遷，確有時間的關係，如《論語》與《孟
子》同爲魯語，而《孟子》用“于”字比《論語》
少得多；又如《論語》只有“斯”字，而無“此”
字，《孟子》裏則多用“此”字，很少“斯”字。
不過，胡氏認爲衛氏說“於”、“于”之別，只有
時間性而無空間性，是太武斷的結論，是大錯。胡
氏說，例如各書用“於”、“于”的比例，從《論
語》的 21:1 到《孟子》的 96:1，還可說是時代升降
的關係；但何以解釋《左傳》的 19:17 呢！難道可
以說《左傳》之作遠在《論語》之前嗎？胡氏指出，
高本漢一共用了七項標準作證，“於”、“于”之
別，不過是七項標準中的一項。胡氏認爲高本漢的

---

[46] 衛氏的意見，見《左傳真僞考及其他》頁 121-122。

結論是可以成立的。[47]

　　除了衛聚賢，還有黃肅（1911?-1934），對高本漢的說法表示懷疑，寫了一篇《坷羅倔倫〈左傳真偽考〉駁議》說：

　　　　西人坷羅倔倫（案：即高本漢——引者），好華夏之學。獨推《左傳》爲先秦故書，惟攷其詞言，異於魯語，因謂作者本非魯產，無與孔門。徵之“于”（案：原書作“亏”——引者）、“於”，以爲碻乎不拔。我國學者，亦或馘爲定言獻。竊以蔽於一曲，荀卿猶患。無徵不信，孔父云然。……坷氏謂《左傳》“于”“於”異用。然其名義本自捆殺，雖坷氏亦無以自理。若謂二字相亂肇於左氏之時，則前此故書，當有精碻區分之跡。今攷《周易》、《毛詩》、《周官》、《儀禮》諸書[48]，

[47] 見《〈左傳真偽考〉及其他》頁109-110。

[48] 黃氏原注曰：“《周易·履·六三》：‘武人爲于大君’；《大有·九三》：‘公用享于天子’；《觀·六四》：‘利用賓于王’；《晉·六二》：‘受茲介福，于其王母’；《解·六五》：‘有孚于小人’；《益·六二》：‘王用享于帝’。《詩·柏舟》：‘慍于群小’……《天保》：‘禴祠烝嘗，于公先王’……《雨無

正》：‘得罪于天子’；《何人斯》：‘不愧于人’；《信南山》：
‘享于祖考’；《思齊》：‘惠于宗公’，‘刑于寡妻，至于兄
弟’；《皇矣》：‘比于文王’，‘施于孫子’；《假樂》：‘媚
于天子’；《卷阿》：‘媚于庶人’；《板》：‘詢于芻蕘’……
《抑》：‘惠于朋友，庶民小子’；《韓奕》：‘入覲于王’；《江
漢》：‘告成于王’，‘告于文人’……《閟宮》：‘至于文武’；
《長發》：‘至于湯齊’。……《周禮・大宰之職》：‘作大事
則戒于百官，贊王命’；《宰夫》：‘書其能者，與其良者，而
以告于上’……《酒正》：‘共后之致飲于賓之禮’……《掌
皮》：‘遂以式法，頒皮革于百工’；《內宰》：‘詔王后帥六
宮之人而生穜稑之種而獻之于王’；《世婦》：‘掌弔臨于卿大
夫之喪’；《典絲》：‘頒絲于外內工’……《大司徒》：‘附
于刑者，歸于士’……《黨正》：‘再命齒于父族’；《大司寇》：
‘戒于百族’；《士師之職》：‘以五戒先後刑罰，毋使罪麗于
民’；《職金》：‘旅于上帝，則共其金版’；《掌訝》：‘待事
于客’。《儀禮・士冠禮》：‘適東壁北面，見于母’，‘乃易
服，服玄冠玄端爵韠，奠摯，見于君’；《士婚禮》：‘歸婦俎
于婦氏人’，‘敢奠嘉菜于皇舅某子’；《士相見禮》：‘請還
摯于將命者’，‘與幼者言，言孝弟于父兄’（案：臺北藝文
印書館 1973 年景印清嘉慶 20 年〔1815〕南昌府學重刊《十三
經注疏》本作‘言孝弟於父兄’）；《鄉飲酒禮》：‘樂正告于
賓’，‘受命于主人’；《鄉射禮》：‘獻于大夫’；《燕禮》：
‘膳宰請羞于諸公卿者’，‘君無所辱賜于使臣’；《大射儀》：
‘射人告具于公’；《聘禮》：‘賈人告于上介’，‘薦嘉禮于
皇祖某甫，皇考某子’；《覲禮》：‘嗇夫承命告于天子’；《士
喪禮》：‘告于主婦’。”

固未嘗有是別也[49]。若以爲後世授受，逐寫所言爲。則秦漢以來著作，率多用"於"。施於私名上者，又安知非"于"之誤[50]。若推古代"于"、"於"異讀，以爲異用之徵，然

---

[49] 黃氏原注曰："按《毛詩》用'於'字者僅十餘句，用地名者既少，用在'于'字下者，更不多見。《易》言絜靜精微之理，如岐山類之地名，僅二三處，且卦爻辭例不用'於'。《周禮》爲設官分職之書，故惟《職方氏》始有地名，然無用在'于'下者。《儀禮》記升降揖讓之節，故亦無地名，是以上列諸證（案：即本文注 48 所引述諸證——引者），僅及'于'之施於私名者，益見《左傳》以記會盟大事，故多用地名，非因地名而用'于'矣。"

[50] 黃氏原注曰："《國語·吳語》：'王其盍亦鑑於人，無鑑於水'，韋《解》引《書》曰：'人無于水鑑，當于民鑑'，今《酒誥》作'人無於水監，當於民監'，《校勘記》云：'古本監作鑒'，韋昭引作鑑，是古本如是也，又引於作于，是古本作于，今寫作於也，《國語》引《尙書》，蓋已變于爲於也。《易》卦爻辭無於字，象、象、文言而下，則有於無于，作于者皆卦爻辭文；《周禮》、《毛詩》絕少用於，《儀禮》漸多用於，《左傳》、《國語》則用於夥矣。胡承珙云：'經典用于、於字多爲語詞，于爲古字，於爲今字。故《詩》、《書》多用于，《論語》皆用於。《論語》引《書》曰：孝乎惟孝，友于兄弟，施於有政；于、於兩用，蓋施於有政，爲孔子之語，而《僞書》乃並有之也。是則捃殽非由于爲於，即由於爲于，於、于並捃，而比數相若，豈逐寫者故爲是耶！"

　　"于"音同"於"，《集韻》明著其讀[51]。焉、
剡二字，亦復影、喻兼收[52]。……從"于"得
聲之名，亦多與"於"同讀[53]。若謂後世音漸
相近，始昧"于"、"於"之別，則所以示
地位所在，動作所止者，"于'、"於"互
用，無慮數百名，當時詎寧異讀。珂氏不察，
遽以所見異用之數，逐謂"于"、"於"義

---

[51] 黃氏原注曰："《集韻·十虞》：'于、邕俱切'。"又云：
"按《說文》：'於'、古文烏，哀都切；《集韻》汪胡切同，。
又《集韻》衣虛切，《廣韻》央居切同。皆影紐清聲，珂氏所
謂陰平者也。'于'、羽俱切，《集韻》雲俱切同，喻紐三等
濁聲，珂氏所謂陽平者也。然珂氏知'于'有羽俱切，而不知
有邕俱切。《廣韻》：邕、於容切；於、邕同為影紐，則'于'、
'於'亦同讀為影紐陰平矣。"又云："段注《說文》云：'今
音于、羽俱切，於、央居切，烏、哀都切，古無是別也。"

[52] 黃氏原注目："《說文》：焉、有乾切，《集韻）尤虔切同。《廣
韻》：焉、於乾切，《集韻》於虔切同。"又云："有、云久切，
尤、羽求切，夷、以脂切，皆喻紐；讀於乾切，則為影紐。從
焉得聲之字，如……《說文》蔫、於乾切，漹、乙乾切，諸字
皆讀影紐清聲。"又云："剡、《廣韻》、《集韻》並音'以冉
切'，《周易·繫辭傳·釋文》引《字林》'因冉反'，《禮記·
玉藻》文同。"

[53] 黃氏原注曰："《廣韻》：杅、汙、弙——哀都切；紆、扜——
憶俱切。"

殊。而其所表則有甚不可解者——私名地名，
例無共別[54]，城濮晉楚，何詎殊科[55]？諸侯可
夷於眾仲，太宮何異於廩延？苟去王公之例，
增魯衛之屬，則其所表，將不潰於成[56]。蓋華
夏名言，聲義遞衍，變易孳乳，未或離宗。
故古籍常用之詞，類多通假。雖聲音轉化，
而經脈秩然，"於"以聲借爲"于"，而義
通作"于"，固其宜也。夫摧舉訓故，莫先
於《爾雅》，次則《毛傳》，皆以"於"訓"于"
[57]。二名一義，固不自左氏始矣。珂氏獨拘拘

---

[54] 黃氏原注曰："按私名兼有共名別名，如眾仲、子產、諸侯、
王公均屬之；地名則惟用別名，如蒲騷、城濮之類，太宮、太
廟不得用如地名。"

[55] 黃氏原注曰："按珂氏所表，以晉、楚諸名兼晉政府楚政府、
晉國楚國兩義，不得用於地名，屬於表示地位動作所止之部，
例以別名，則晉、楚不得獨異也。"

[56] 黃氏原注云："《左傳》'于'、'於'本無分別，珂氏所以
表見'于'、'於'區分之跡象者，全在以《左傳》所用'于'、
'於'之數相較，比例不甚相遠耳。然既謂'于'、'於'各
別町畦，又謂'于'、'於'有掍用之例，是矛盾之說也。其
所表之數，全以私臆造成比例，非天然界劃，有如是也。"

[57] 黃氏原注曰："《爾雅·釋詁》：'爰、粵、于、那、都、繇，
於也。"又云："郝懿行曰：'於與于同，於本古文烏字，於、
于古同聲，故經典或借於爲于，《詩》：於我乎夏屋渠渠，是

於私名地名，未或尋繹聲理，攷覈文例，遽
以在、向、從、到四義，盡釋《左傳》"于"、
"於"。不知聲有遷變，義有推迻。"易"
一言而含三義，"周"、"徧"、"咸"三
者異名而同實。珂氏所舉，皆經典常語，形
體雖異，實一義之引申。《說文》："于、於
也，象气之舒于。"舒于者，上達之象也；
上達必有所及，故在、向、從、到四義，得
兼有焉[58]。……珂氏蓋概乎其未有聞焉。是故
作《易》卦爻辭者不以"於"，記攷工者不
以"于"。捃爻殷之時代，非"于"、"於"
異用也。互用因於聲假，私名地名，其義則

也。'"又云："《詩·采蘩》：'于沼于沚'，《燕燕》：'遠
送于野'，《傳》：'于、於也。'"

[58] 黃氏原注曰："郝懿行曰：'於之爲言，相連相及之意。如《論
語》云：君子之於天下，吾之於人，《孝經》云：通於神明，
光於四海，皆爲由此達彼之詞。故《釋詁》又云：於、代也。
代之爲言，亦相連相及之義矣。'案于以喉音轉齒音爲在，所
向、所從、所到，俱必有所在，故向、從、到三義，與在一也。"
又云："《釋詞》（案：謂王引之《經傳釋詞》——引者）引
《爾雅》'于、於也'、《廣雅》'于、於也'（案：《經傳釋
詞》引《廣雅》作'於、于也'，見頁33，香港：太平書局，
1974年12月）云：'常語也'。又曰：'於、猶在也……此
亦常語'。"

同。珂氏蔽於異形，非"于"、"於"義殊
也。聲異則義遷，聲通則義近，固華夏文言
之公例。烏可以"於"、"于"之異形，皮
傅泰西以自束也！然則逞億必而忽期驗，不
足以稽古；持兩端而好攻難，不足以決疑；
不通乎聲音之道，字例之條，不足以論於詞
言。[59]

黃氏和衛聚賢一樣，相信古籍上"于"和
"於"的分別，是由於古今的不同，因此黃氏說：
"是故作《易》卦爻辭者不以'於'，記攷工者不
以'于'。"其實，段玉裁（1735-1815）也有類似
的見解，《說文解字注》"於"下云：

此字蓋古文之後出者。此字既出，則又于、
於爲古今字，《釋詁》、《毛傳》、《鄭注》皆云：
"亏（案：即于字——引者）、於也。凡經多
用于，凡傳多用於。[60]

[59] 黃文見《國立四川大學季刊》第 1 期頁 83-93，1935 年 7 月。
　　本文引錄時曾改動一些標點，及將一些古體改爲通行字。
[60] 見《說文解字詁林》（臺灣：商務印書館，1969）頁 1654。

又"于"下曰：

> 《釋詁》、《毛傳》皆曰："亏、於也"。凡
> 《詩》、《書》用亏字，凡《論語》用於字，
> 蓋于、於二字在周時爲古今字，故《釋詁》、
> 《毛傳》以今字釋古字也。[61]

　　問題是除了時間性外，"于"、"於"的分別，
是否還有空間性，黃氏沒有特別討論這問題，只是
指出，私名、地名、共名、別名之前的介詞不應有
所不同，不可能人名之前就用"於"，地名之前就
用"于"，表示地位所在或動作所止，但其下不是
地名就"於"、"于"混用。黃氏這說法，固然有
一定的道理，不過，語言約定俗成，不一定有道理
可說。

　　黃氏又嘗試證明"于"、"於"二字古代同
音，既引《集韻》爲證，又指出"焉、剡二字，亦
復影、喻兼收"；"從于得聲之名，亦多與於同
讀"。倘若"于"、"於"在古代真的同音，那麼，
有不同用法的可能性便大大減低了，不過，《廣韻》

不收而《集韻》收的反切很多，其中不少是後起的讀音，因此，用《集韻》來證明＂于＂、＂於＂上古同音是不足夠的。至於焉、剗二字影、喻兼收，及從于得聲之字多與於同讀，則可證明影、喻二紐及于、於二字音理上關係之密切；但于、於是否絕對同音，則始終無法確定。

黃氏所論，尚有兩點，值得我們注意：（１）＂于＂、＂於＂二字，在《周易》、《毛詩》、《周官》、《儀禮》中，並沒有高本漢所說的分別，在後代也通常混用，在《左傳》的時代，會不會有所區別？（２）如果說＂于＂、＂於＂二字在《左傳》作者的方言中不同音，因而用法也有所不同，但高本漢認爲《左傳》應該用＂於＂的地方，＂于＂雖佔少數，但仍有 85 次；在高本漢認爲《左傳》應該用＂于＂的地方，＂於＂雖佔少數，但仍有 97 次。這似乎反映出一些矛盾——假如在《左傳》作者的語言中，＂于＂、＂於＂同音，用法便不應有分別；假若＂于＂、＂於＂不同音，用法迥然有別，便不應有那麼多相混之處。對于第一點，高本漢的看法是，《左傳》中＂于＂、＂於＂的分別，主要是因爲方言的關係。對於第二點，高本漢認爲《左傳》

中"于"、"於"的分別本來更明顯，沒有目前那
麼多的混用情況，只是後來"于"、"於"的發音
變得相近，於是產生目前所見的部分相混的情況。

　　總括而言，黃氏雖然指出高說的一些問題，但
卻不能徹底推翻高說。黃氏忽略了一項有力的論
證，那就是把《左傳》的語法和《春秋》的語法加
以比較，莫非斯在《〈春秋〉和〈左傳〉的關係》[62]
一文中，根據高本漢所提出的七項語法現象，將《左
傳》和《春秋》加以比較。前五項現象，由於《春
秋》的文字過於簡略，因此無法得到明證，至於第
六項，《春秋》用了 73 個"及"字，而只用了 1 個
"與"字，這個惟一的"與"字，出現在桓公十八
年："公與夫人姜氏遂如齊"，但據《公羊傳》，
則只作"公夫人姜氏遂如齊"，並無"與"字，且
說："何以不言及夫人，夫人外也。"由此可見，
這個惟一的"與"字，可能是後人加的，莫氏因此
斷定：《春秋》只用"及"而不用"與"，與左語
同而與魯語異。至於第七項，《春秋》全用"于"
字，粗看起來，似乎和《左傳》不合，可是這些"于"
字，作第一項解的只有 2 個，作第二項解的則有 356

---

[62] 見《考古學社社刊》第 6 期頁 136-144，1937 年 6 月。

個，作第三項解的則有 25 個。換句話說，左語中
應該用"於"字的，在《春秋》中不過只得兩個
"于"字；左語中應該用"于"的，在《春秋》中
卻有 356 個之多；左語中"于"、"於"可並用的，
在《春秋》中則有 26 個。莫氏假設第一項的兩個
"于"字乃後人妄改所致；即或不然，則《左傳》
於第一項用法，也用了 85 個"于"，因此，莫氏
說即使《春秋》用兩個"于"字，也不爲過。莫氏
的結論是：有關"於"、"于"的用法，《春秋》
和《左傳》一致，而與魯語之全用"於"字不同。
最後，莫氏指出，《春秋》和《左傳》語法相同，
高本漢既然證明了《左傳》非魯君子所作，那麼，
《春秋》便決非孔子所作的了。

　　對於這種現象，周法高卻有不同的看法，他在
《上古語法札記》一文中，談到"於"和"于"的
用法時說[63]，較古的（或是摹古的）文體，如甲骨
文、金文、《書》、《詩》、《春秋》等，大體用"于"；
新興的文體，如《論語》、《墨子》、《孟子》、《莊子》、
《荀子》等書，大體用'於'。而《左傳》、《國語》

---

[63] 見《中央研究院歷史語言研究所集刊》第 22 本頁 182-183，
　　1950。

"於"、"于"並用，是一種獨特的現象。周氏根
據莫非斯所看到的《春秋》和《左傳》語法相似的
現象，指出在《竹書紀年》裏，也有類似的情形——
根據王國維《古本竹書紀年輯校》統計，用作"和"
字解的"及"字二十見，"與"字四見，這和《左
傳真僞考》所說"左語內'與'和'及'都有，而
'及'字尤其通行"很相像，介詞也用"于"而不
用"於"，《竹書紀年》爲晉史，成於戰國之世，
也和《春秋》、《左傳》有相似處，因此，周氏認爲
文體的影響，可能遠甚於地域的影響。周氏進一步
解釋說：當時新興的論說文體用"於"字，而《春
秋》等記事史書卻沿襲舊習慣用"于"字，在第二
項用法即介詞後加地名時，《左傳》沿襲《春秋》
一類史書的習慣，多用"于"字；第一項用法是《春
秋》一類史書所缺少的，所以便大致採用新興的辦
法，多用"於"字；至於第三項用法，形式上和第
二項用法相像，但並不相同，所以"於"和"于"
便混用了。周氏認爲《春秋》的書法，大概代表當
時諸侯史書的形式；《左傳》和《國語》在性質上
是一種史書，同時又和舊史的體裁不盡相同，在
"於"和"于"的使用上，便成了新舊雜揉的現象
了。周氏指出，考察書中某些語詞的用法，是可以

幫助我們判斷古書的性質的；但是，有許多用法是
因襲的，不能全認爲是代表某種方言的特色，在一
種文體已定型的時候，其因襲成份往往很大。周氏
並且引述高本漢"Le Proto-Chinois langue
flexionelle"馮承鈞譯文（命名《原始中國語爲變化
語》）中的一段話："孔子所作魯史《春秋》，始七
二二年，終四八一年，其後部之年代，與孔子同時
（五五一至四七九）；但《春秋》之文體與《書經》
相類，魯國方言從格通用'吾'字，而《春秋》常
有語句如'侵我西鄙'之類，足證史家並未以魯語
誌史事，而用撰述文體也。"周氏指出，《春秋》
和《論語》的不同，除高本漢所舉者外，尚有：（一）
《春秋》用"及"，《論語》用"與"；（二）《春
秋》用"于"，《論語》用"於"。但我們不能根
據這些差別，便斷定《春秋》不是魯人所作，所以
純粹靠語法上的根據是不夠的。

　　周氏的文體說，是承自高本漢的。高本漢在"Le
Proto-Chinois langue flexionelle"一文中指出，《書
經》、《詩經》、《論語》所用的第一位代名詞，差別
很大，但這並非由於時代不同，《詩經》的時代，
與《書經》中時代較後的《周書》大致相同，但《周

書》有"予"字 113，"朕"字 38，"我"字 171，
而《詩經》則差不多全用"我"字——共 268，而
只有 37 個"予"字；況且《書經》中最晚的《周
書》，止於公元前 627 年，距孔子的時代不遠（孔
子生於公元前 551 年），但《書經》中絕無"吾"
字，而"吾"字卻是《論語》主格、從格所常用的
字，因此這種現象不能用時代不同去解釋。如果說
是由於方言殊異的緣故，這問題也不易解決，因為
《書經》為一千五百年典錄之纂集，而《詩經‧國
風》為十五個國家之歌謠，其中有數國與魯國地域
接近。高本漢認為邁埃（M.A. Meillet）《希臘語言
史概要》中的一段說話，是解決這一問題的關鍵。
邁埃認為語言之區別，視各種文體發展之地而異，
視其發展之特別條件而異，蓋各地各自有其語言。
挽歌盛行於岳尼（Ionie），其韻語即大受"岳尼
化"。多利德（Doride）諸市流行合唱抒情詩歌，
用語大致如多利德語，即非多利德之詩人所撰，如
岳尼詩人巴基里德（Bacchylide）或別阿西（Béotie）
詩人屏大勒（Pindare）之作品，亦用多利德語言。
所以各種文體各自有其語言。高本漢認為，中國古
代的狀況，必亦相類。撰述與演說文體，原為有
"予"、"朕"、"我"等詞方言區的代表所發起，

以後這種文體的著作，如《書經》之類，即沿用其文體，詩歌體爲有"我"這個詞的方言區的詩人所發起，而各國詩人皆用之。而《論語》則爲一種哲學的新文體，所用的語言，當爲孔子所說的方言，高本漢更指出，孔子作《春秋》，文體與《書經》相類，這是因爲他並非以魯語記史事，而是用撰述文體。[64]

　　高本漢"Le Proto-Chinois langue flexionelle"一文，於 1920 年發表於 *Journal Asiatique* ；而"On the Authenticity and Nature of the Tso Chuan"，則於 1926 年發表於 *Göteborgs Högskolas Årsskrift*。高本漢似乎是放棄了文體說而用方言說。到了 1950 年，周法高又引用高本漢的文體說來壓倒方說說。二說到底孰優孰劣呢？這是一個很有趣的問題。

　　如果根據方言說，《春秋》便不是魯國的作品，而且，據高本漢研究，《莊子》、《呂氏春秋》、《戰國策》、《荀子》和《韓非子》，這幾部公元前三世

---

[64] 詳見 Karlgren, Bernhard: "Le Proto-Chinois langue flexionelle", *Journal Asiatique* 15 (1920), pp.205-232 及馮承鈞譯：《原始中國語爲變化語說》，《東方雜誌》第 26 卷第 5 號頁 77-89。

紀的書，語法上很一致：（一）解作"像"（"如此"、"若此"等等）的，在這幾部書內，"若"和"如"都通行。（二）"斯"用作"則"，"斯"用作"此"，"及"用作"和"，這幾部書都沒有。（三）"乎"用作介詞，這幾部書都有，不過使用的程度不同。在《莊子》和《呂氏春秋》中，這種用法很通行；在別的書內則比較少。（四）"與"用在句尾，在《莊子》、《呂氏春秋》、《戰國策》和《荀子》內都很少，《韓非子》則沒有。（五）在這幾部書內，"於"絕對通用，"于"則很少見，只有《呂氏春秋》比較多一點。（六）用"吾"（主格和領格）、"我"、"予"，和魯語、左語一樣。（七）句尾的"邪"，這幾部書都有，《莊子》內常見，別的書內少一點。高本漢指出，韓非子在文體上有可能受他的老師荀子的影響，但至少莊子和荀子是決不相干的，而且我們也沒有理由猜想《呂氏春秋》和《戰國策》的作者會受荀子的影響，但他們的語法卻那麼一致，高本漢認為他們可能共同採用一種公元前三世紀的標準文言。高本漢說：這種現象很自然，而且和別國的情形也相同——在文學發展的早期，作者很少，無所因襲，便得創造自己的文體，所以呈現出不同的方言；當文學進步後，著作變成普遍的事業，便有大致相同的標準文字出現，而這種情況，在公元前三世紀已達到了[65]，可是，高本漢又指出，《莊子》、《呂氏春秋》、《戰國策》、《荀子》和《韓非子》這些書的語言，和魯語很不同，和左語更不同。和魯語不同者，沒有“斯”用作“則”和“斯”用作“此”，這些都是魯語很常用的。和左語不同者，這些書有解作“像”的“若”和“如”，還有介詞“乎”和句尾的“與”（這個比較少），而沒有介詞“及”，也沒有“於”解作 auprès de 和“于”解作 à 的特殊區別，此外，這些書有句尾的“邪”，雖然多少不同，但這個句尾的“邪”字，不但為左語和魯語所無，而且《書經》和《詩經》也沒有[66]。高本漢所指出的這些現象，使我們不禁產生下列問題：孟子（公元前 372-公元前 289）和莊子（公元前 369-公元前 286?）、荀子（公元前 313?-公元前 238）、呂不韋（?-公元前 235）、韓非（公元前 280?-公元前 233）時代相距不遠，至於《左傳》，據楊伯峻推測，大概成書

---

[65] 參 *On the Authenticity and Nature of the Tso Chuan* 頁 62-63 及陸侃如譯本頁 92-94。

[66] 參 *On the Authenticity and Nature of the Tso Chuan* 頁 63 及陸侃如譯本頁 93。

於公元前 403 至公元前 386 之間[67]，時代也很相近，
爲甚麼其他書都採用當時的標準文言，而《孟子》
和《左傳》卻有那麼顯著的方言色彩呢？這是很值
得注意的。

　　至於文體說，也有些地方值得留意。上文提到
莫非斯在《〈春秋〉和〈左傳〉的關係》一文中，
根據高本漢所提出的七項語法現象，將《左傳》和
《春秋》加以比較。前五項現象，由於《春秋》的
文字過於簡略，因此無法得到明證。至於第六項，
《春秋》用了 73 個"及"字，而只用了 1 個"與"
字，而這個惟一的"與"字，也可能是後人加的，
因此莫氏說《春秋》只用"及"而不用"與"。又
因爲高本漢說："左語內'與'和'及'都有，而
'及'字尤其通行"[68]，莫氏遂說在解作"和"的
"及"和"與"的使用中，《春秋》與左語同，但
真相是否真的如此呢？《春秋》差不多全不用"與"
字，可是，在《左傳》中，解作"和"的"與"字
卻觸目皆是，如：

---

[67] 參《春秋左傳注》（北京：中華，1981 年 3 月）頁 36-43。

[68] *On the Authenticity and Nature of the Tso Chuan* 頁 40 及陸侃如譯
　　本頁 69。

公孫閼與潁考叔爭車。(隱 11)

父與夫孰親？（桓 15)

宣姜與公子朔構急子。(桓 16)

初，內蛇與外蛇鬥於鄭南門中。(莊 14)

陳公子完與顓孫奔齊。(莊 22)

賂外嬖梁五與東關嬖五。(莊 28)

而重耳、夷吾主蒲與屈，(莊 28)

晉荀息請以屈產之乘與垂棘之璧假道於虞以
伐虢。(僖 2)

齊侯與蔡姬乘舟於囿。(僖 3)

失忠與敬。(僖 5)

君以禮與信屬諸侯。(僖 7)

子弒二君與一大夫。(僖 10)

不書朔與日。(僖 15)

以太子罃、弘與女簡璧登臺而履薪焉。(僖 15)

卜招父與其子卜之。(僖 17)

公與管仲屬孝公於宋襄公。(僖 17)

懷與安，實敗名。(僖 23)

姜與子犯謀。(僖 23)

趙姬請逆盾與其母。(僖 24)

唯西廣、東宮與若敖之六卒實從之。(僖 28)

大心與子西使榮黃諫。(僖 28)

以授太傅陽子與大師賈佗。（文 6）

宣子與諸大夫皆患穆嬴。（文 7）

楚范巫矞似謂成王與子玉、子西曰。（文 10）

大子以夫鍾與郲邽來奔。（文 12）

而使尹氏與聃啓訟周公于晉。（文 14）

使公子燮與子儀守。（文 14）

爲單伯與子叔姬故也。（文 15）

夷與孤之二三臣相及於絳。（文 17）

而爲之簞食與肉。（宣 2）

公子宋與子家將見。（宣 4）

子公與子家謀先。（宣 4）

陳靈公與孔寧、儀行父通於夏姬。（宣 9）

陳靈公與孔寧、儀行父飲酒於夏氏。（宣 10）

楚子使唐狡與蔡鳩居告唐惠侯曰。（宣 12）

趙旃以其良馬二濟其兄與叔父。（宣 12）

晉人討邲之敗與清之師。（宣 13）

夫恃才與眾。（宣 15）

　　例子實在太多了，粗略統計，最少有二百，稍有懷疑的，都沒有包括有內。我們又怎可以說《春秋》在“與”的使用上與《左傳》同呢！

　　至於第七項，我們試把高本漢和莫非斯的統計列成下表：

			左傳	春秋
（甲）	用如 auprès de	於	581	0
		于	85	2
（乙）	用如 à	於	97	0
		于	501	356
（丙）	用如 dans	於	197	0
		于	182	26

　　我們又怎可以說《春秋》在"於"、"于"的使用上與《左傳》一致呢！

　　周法高說："《左傳》、《國語》'於'、'于'並用是一種獨特的現象。"又說："《左傳》和《國語》在性質上是一種史書，同時又和舊史的體裁不盡相同，在'於'和'于'的使用上，便成了新舊雜揉的現象了。"好像是說《左傳》和《國語》性質相近，所以文體也相近，語法特點也相近。可是，《左傳》和《國語》的語法特點真的那麼接近麼？根據高本漢的研究，它們是相當接近的，其異同如下：

（一）解作“像”的“如”和“若”（“如
此”、“若此”等等），《國語》都有，後者和前者
是一樣的通行，這和左語不同，左語只用“如”字。

（二）“斯”用作“則”，“斯”用作“此”，
“乎”用作介詞，“與”用作疑問字，《國語》都
沒有，和左語一樣。

（三）“及”解作“和”，《國語》常見，和
左語一樣。

（四）在《國語》中，“於”和“于”都通行，
而且用法上的不同在左語完全一樣（“於”用作
auprès de，“于”用作 à，“於”和“于”用作
dans），甚至例外用法的百分率也一樣。

（五）“吾”（主格和領格）、“我”和“予”，
《國語》都有，和左語一樣。

（六）《國語》沒有用“邪”作後置詞表疑問，

與左語同。

　　上列各點中，只有第一點相異，其他各點都相同[69]。這對文體說相當有利。不過，馮沅君認為高本漢的統計，未嘗無可商之處；根據馮氏研究，《國語》和《左傳》在語法上相異之處，有下列數點[70]：

　　（一）高本漢以為《國語》和《左傳》裏"于"、"於"的用法相同，但根據馮氏的統計，可得出下表：

			左傳	國語
（甲）	用如 auprès de	於	581	
		于	85	
（乙）	用如 à	於	97	94
		于	501	24
（丙）	用如 dans	於	197	155
		于	182	10

---

[69] *On the Authenticity and Nature of the Tso Chuan* 頁 58-59 及陸侃如譯本頁 88-89。

[70] 參馮沅君《論〈左傳〉與〈國語〉的異點》，《〈左傳真偽考〉及其他》頁 140-181。

　　就甲項來說，馮氏沒有提供《國語》中"於"和"于"用如 auprès de 的統計數字；至於乙項，《左傳》裏"于"大概是"於"的五倍，而《國語》裏"於"卻差不多是"于"的四倍；至於丙項，《左傳》中"於"、"于"數目大致相同，《國語》中"於"卻差不多是"于"的十六倍。

　　（二）高本漢說在左語中，解作"和"的"與"和"及"都有，而"及"字尤其通行，而在《國語》中"及"解作"和"是常見的，和左語一樣。但據馮氏統計，《國語》內解作"和"的"及"字遠不如解作"和"的"與"字多，全書只有 25 個"及"字，而"與"字卻有 155 個。

　　（三）高本漢說《國語》沒有用"邪"作後置詞表疑問，與左語同；但馮氏卻在《國語》內找出三個這樣用的"邪"字。

　　（四）《左傳》只用"若何"，不用"奈何"；《國語》卻用了五個"奈何"。

　　由此可見，《左傳》和《國語》的語法特點並非像高本漢說的相近。

　　至於《左傳》和《書經》的語法特點，也很不相同，高本漢已曾指出[71]，此處不贅。

　　《左傳》和《書經》、《左傳》和《國語》語法上的不同，還可以用記事體、記言體相異來解釋。但《左傳》和《春秋》同是記事體，語法卻也很不相同。再看《書經》和《國語》：

　　（一）作"假使"和"像"解時，《尚書》用"若"，"如"只用在少數特別的地方；在《國語》中，兩者同樣通行。

　　（二）在《書經》中，"于"是常用的介詞，"於"只用在少數地方；而在《國語》中，"於"卻遠多於"于"。

　　（三）在《書經》中，用作第一位代名詞的，"予"和"我"都有（"我"在早期的《虞書》、《夏

---

[71] *On the Authenticity and Nature of the Tso Chuan* 頁 49-51 及陸侃如譯本頁 78-80。

書》中少用，後乃逐漸增多），而且不辨語格，"吾"字則只用了兩次；在《國語》中，"吾"（主格和領格）、"我"、"予"都有。

（四）《書經》沒有用"邪"作後置詞表疑問，《國語》卻有三個這樣用的"邪"字。

《書經》和《國語》同是記言體，也有這許多的差異，可見文體說也很難成立。（當然，我們不能說文體對語法特點沒有影響，但我們卻不能光用文體的異同來解釋古書語法特點的異同。）

三

大家似乎都忽略了一個非常重要的問題，那就是傳世的《左傳》，到底是否《左傳》初成書時的本來面目。近二三十年出土的文獻顯示，傳世的典籍都不是先秦的本來面貌，《左傳》似乎不應例外。

一九七三年十二月，長沙馬王堆出土了大批帛書。根據同時出土的一件有紀年的木牘，可以確定該墓的年代是漢文帝前元 12 年（公元前 168 年），

帛書共約十餘萬字，包括《老子》、《周易》等二十
餘種古籍，其中有很多是湮沒兩千年的佚書。這次
發現的帛書中，《老子》有兩種寫本，字體較古的
一種被稱爲甲本，另一種稱爲乙本，甲本卷後和乙
本卷前各有數篇古佚書。《老子》甲本及卷後佚書
合抄成一長卷，硃絲欄墨書，字在篆隸間，共 464
行。此卷帛書不避漢高祖劉邦、高后呂雉諱，字體
接近秦篆，抄寫年代可能在高祖時期，即公元前 206
年至公元前 195 年間。《老子》乙本及卷前佚書抄
在一幅大帛上，折疊後放在漆奩內，出土時已沿折
痕斷成 32 片，帛書原高約 48 釐米，現已斷成上下
兩截，硃絲欄墨書，隸體，共 252 行。此卷帛書避
"邦"字諱，不避漢惠帝劉盈、文帝劉恆諱，字體
與同墓所出有文帝三年紀年的"五星占"很相似，
抄寫年代可能在文帝時期，即公元前 179 至公元前
169 年間。《老子》甲本卷後古佚書，原無篇題，按
內容可分爲四篇。第一篇是先秦儒家所謂"仁、義、
禮、智、聖"的"五行"說，其中不少地方襲用《孟
子》的話，大概是孟軻學派的著作[72]。文中引用了
一些《詩經》的句子，字句和傳世的《毛詩》大有

---

[72] 參《馬王堆漢墓帛書〔壹〕》（北京：文物出版社，1980 年 3
月）"出版說明"。

出入，所用的借字，絕不見於傳世的經典，例如《周南·關雎》："窈窕淑女，寤寐求之。求之不得，寤寐思服。悠哉悠哉，輾轉反側。"帛書引作"茭芀□□，□昧求之。求之弗得，唔眛思伏。繇才繇才，婘樽反廁。"（甲 339-340）[73]《召南·草蟲》："未見君子，憂心惙惙。亦既見止，亦既覯止，我心則說。"帛書引作"未見君子，憂心祋祋。亦既見之，亦既鉤之，我□□說。"（甲 179-180）《邶風·燕燕》："燕燕于飛，差池其羽。之子于歸，遠送于野。瞻望弗及，泣涕如雨。"甲 185 引作"□□于蜇，駐池其羽。之子于歸，袁送于野。瞻望弗及，汲沸如雨"，又甲 224-225 引作"嬰嬰于羿，駐訑亓羽。之子于歸，袁送于野。詹忘弗及，□涕如雨"。《曹風·鳲鳩》："鳲鳩在桑，其子七兮。淑人君子，其儀一兮。"帛書引作"尸叴在桑，其子七氏。叔人君子，其宜一氏。"（甲 184）《大雅·文王》："文王在上，於昭于天。"甲 288 引作"文王在尙，於昭于天"，又甲 332 所引則全同《毛詩》。《大雅·大明》："明明在下，赫赫在上。"甲 197-198

---

[73] 《馬王堆漢墓帛書〔壹〕》之圖版均標明帛書原來行數，今依之，但於行數前標明"甲"、"乙"，例如"甲 339"，即帛書《老子》甲本第 339 行，餘類推。

引作"明明在下，赫赫在上"，又甲 277 引作"□□在下，赤赤在嘗"；又："上帝臨女，無貳爾心"，甲 212 引作"上帝臨女，毋膩爾心"《商頌·長發》："不競不絿，不剛不柔。"甲 205-206 作"不勮不救，不剛不柔"，又甲 301-302 引作"不勮不□，不剛不柔"，並解釋曰："勮者，強也；言求者，急也。"據解釋知甲 301-302 行所引作"不言求"。從帛書《老子》甲本卷後古佚書所引《詩經》和傳世《毛詩》之間的出入，可知今日所見的《毛詩》，不但不是先秦的本來面貌，就是和秦漢之際儒家所用的本子也有一定的距離。[74]

而帛書《老子》和今本《老子》也有許多不同，茲以唐代傅奕校訂的《道德經古本篇》（明正統年間刻《道藏》本）和帛書本加以比較[75]，例如：

傅奕本　　　則攘臂而仍之。

---

[74] 參夏平（即本師黃六平先生）《帛書〈老子〉甲本卷後古佚書引〈詩〉所用抄本時代考》，《急就二集》（香港：中華，1978年 5 月）頁 205。

[75] 參《馬王堆漢墓帛書〔壹〕》頁 101-124《〈老子〉甲本乙本傅奕本對照表》。

甲本、乙本　　則攘臂而乃之。

傅奕本　　　　失德而後仁，失仁而後義，失義而
　　　　　　　後禮。
甲　　本　　　失德而后仁，失仁而后義，失義而
　　　　　　　后禮。
乙　　本　　　失德而句仁，失仁而句義，□義而
　　　　　　　□□。

傅奕本　　　　夫禮者，忠信之薄，而亂之首也。
乙　　本　　　夫禮者，忠信之泊也，而亂之首也。

傅奕本　　　　是以大丈夫處其厚不處其薄。
甲　　本　　　是以大丈夫居亓厚而不居亓泊。

傅奕本　　　　故去彼取此。
甲　　本　　　故去皮取此。
乙　　本　　　故去罷而取此。

傅奕本　　　　谷得一以盈。
甲　　本　　　浴得一以盈。
乙　　本　　　浴得一盈。

傅奕本　　　　天無以清，將恐裂。
甲　本　　　　胃天毋已清，將恐□。
乙　本　　　　胃天毋已清，將恐蓮。

傅奕本　　　　是其以賤爲本也，非歟？
甲　本　　　　此亓賤□□與，非□？
乙　本　　　　此亓賤之本與，非也？

傅奕本　　　　故致數譽無譽。
甲　本　　　　故致數與无與。
乙　本　　　　故至數輿无輿。

傅奕本　　　　明道若昧。
乙　本　　　　明道如費。

傅奕本　　　　大器晚成。
乙　本　　　　大器免成。

傅奕本　　　　人之所惡。
甲　本　　　　天下之所惡。
乙　本　　　　人之所亞。

傅奕本　　　　彊梁者不得其死。

甲　本　　　故強良者不得其死。

傅奕本　　　其用不敝。
甲　本　　　亓用不幣。

傅奕本　　　大滿若盅。
甲　本　　　大盈若湆。
乙　本　　　□盈如沖。

傅奕本　　　大直若詘，大巧若拙，大辯若訥。
甲　本　　　大直如詘，大巧如拙，大贏如炳。
乙　本　　　□□□□，□□如掘，□□□絀。

傅奕本　　　躁勝寒，靖勝熱，知清靖以爲天下
　　　　　　　正。
甲　本　　　趮勝寒，靚勝炅，請靚可以爲天下
　　　　　　　正。
乙　本　　　趮朕寒，□□□，□□□□□□□
　　　　　　　□□。

傅奕本　　　不窺牖，可以知天道。
甲　本　　　不規於牖，以知天道。
乙　本　　　不親於□，□知天道。

| 傅奕本 | 爲道者日損，損之又損。 |
| 乙　本 | 聞道者日云，云之有云。 |

| 傅奕本 | 以百姓心爲心。 |
| 乙　本 | 以百省之心爲心。 |

傅奕本	蓋聞善攝生者，陸行不遇兕虎。
甲　本	蓋□□執生者，陵行不□矢虎。
乙　本	蓋聞善執生者，陵行不辟㺇虎。

傅奕本	兕無所投其角，虎無所措其爪。
甲　本	矢无所楯亓角，虎无所昔亓蚤。
乙　本	㺇无□□□□，□□□□，亓蚤。

| 傅奕本 | 物形之，勢成之。 |
| 甲本、乙本 | 物刑之，而器成之 |

傅奕本	終身不勤。
甲　本	終身不堇。
乙　本	多身不堇。

| 傅奕本 | 開其兑。 |
| 甲　本 | 啓亓悶。 |

乙　　本　　　　　啓亓垸。

傅奕本　　　　　終身不救。
乙　　本　　　　　□□不棘。

傅奕本　　　　　惟施是畏。
乙　　本　　　　　唯他是畏。

傅奕本　　　　　而民好徑。
甲　　本　　　　　民甚好解。
乙　　本　　　　　民甚好儞。

傅奕本　　　　　其德乃豐。
乙　　本　　　　　亓德乃夆。

傅奕本　　　　　吾奚以知天下之然哉？
乙　　本　　　　　吾何□知天下之然茲？

傅奕本　　　　　蜂蠆不螫，猛獸不據，攫鳥不搏。
甲　　本　　　　　逢衡螎地弗螫，攫鳥猛獸弗搏。
乙　　本　　　　　蜂蠆瘋虫蛇弗赫，據鳥孟獸弗捕。

傅奕本	亦不可得而賤。
甲　本	亦不可得而淺。
乙　本	亦不可得而賤。

傅奕本	以政治國，以奇用兵。
甲　本	以正之邦，以畸用兵。
乙　本	以正之國，以畸用兵

傅奕本	吾奚以知天下其然哉？
甲　本	吾何□□□□也戈？
乙　本	吾何以知亓然也才？

| 傅奕本 | 廉而不劌，直而不肆，光而不耀。 |
| 乙　本 | 兼而不刺，直而不紲，光而不眺。 |

| 傅奕本 | 以道蒞天下。 |
| 乙　本 | 以道立天下。 |

| 傅奕本 | 夫輕諾者必寡信。 |
| 乙　本 | 夫輕若□□信。 |

| 傅奕本 | 千里之行，始於足下。 |

甲　本　　　百仁之高，台於足□。
乙　本　　　百千之高，始於足□。

傅奕本　　　是以天下樂推而不猒。
甲　本　　　天下樂隼而弗猒也。
乙　本　　　天下皆樂誰而弗猒也。

　　例子太多了，不勝枚舉。可見今本《老子》也
不是先秦的本來面貌。帛書《老子》有許多假借字
和異體字，都不是一般古籍中可以見到的。

　　馬王堆漢墓中出土的帛書，又有《春秋事語》
和《戰國縱橫家書》兩種古佚書。《春秋事語》存 97
行，書法由篆變隸，不避"邦"字諱，當是漢初（約
公元前 200 年左右）或更早一些時候抄寫的。特色
是記事簡略，而敘述當事人的談話以及後人的評論
比較詳細，一部分和《春秋》三傳、《國語》等古
書相近[76]。《春秋事語》的用字，也異於一般傳世古
籍，茲舉例如下，帛書中的異體字、假借字，均隨

[76] 參《馬王堆漢墓帛書〔叁〕》（北京：文物出版社，1983 年 10
月）"出版說明"。

文注明，外加（　）標誌，錯字則隨文注出正字，用
〈　〉表示：

> 燕大夫子□銜（率）帀（師）以燹（禦）晉人。
> （春 7）[77]
>
> 子恐兵之環之而佴（恥）爲人臣。（春 17）
>
> 其次明備以候適（敵）。（春 38）
>
> 齊（亘）公與蔡夫人乘周（舟），夫人湯（蕩）
> 周（舟）。（春 42）
>
> 晉獻公欲襲郭（虢）。（春 47）
>
> 是吾保（寶）也。（春 47）
>
> 夫立（位）下而心需（懦）□□□也。（春 49）
>
> 而卷（眷）在耳目之前。（春 50）
>
> 夫晉之使者敝（幣）重而辭庳（卑）。（春 51）
>
> 獻公之帀（師）襲郭（虢）環（還）。（春 52）
>
> 后（苟）入，我□正（政）必□氏之門出，
> 蔡（祭）則我也。（春 53-54）
>
> 亡而不蒾。（春 54）
>
> 聞路（賂）而起之。（春 55）
>
> 不欲其來者，子之壽（儔）也。（春 63-64）

---

[77] 《馬王堆漢墓帛書〔叁〕》之圖版均標明帛書原來行數，今依
之，"春 7"，即帛書《春秋事語》第 7 行。

今止□君，是隨（墮）黨而崇壽（雦）也。
（春 64）

不童（重）傷。（春 79）

閔（閽）人殺之。（春 86）

魯壯（莊）公有疾。（春 87）

慶父財（才）。（春 87）

夫共中（仲）、鴋（圉）人犖旅（慮）亓（其）
扶（扶）。（春 89）

文羌（姜）迴（通）於齊侯。（春 92）

而身得比（庇）焉。（春 94）

幾（豈）□彭生而能貞（正）之乎？（春 96）

《戰國縱橫家書》書法在篆隸之間，避"邦"
字諱，當是公元前 195 年前後的寫本。全書分 27
章，其中見於《史記》和《戰國策》的有 11 章，
字句有所不同。《戰國縱橫家書》的用字，也異於
一般傳世古籍，茲舉例如下：

以不功（攻）宋，欲從韓、梁（梁）取秦以
謹勺（趙）。（戰 15）

勺（趙）以（已）用薛公。（戰 15）[78]

---

[78]　"戰 15"即帛書《戰國縱橫家書》第 15 行，他皆倣此。

齊、勻（趙）循善，燕之大過（禍）。（戰 24）

除群臣之聤（恥）。（戰 34）

故王能材（裁）之，臣以死任事。（戰 37）

逎（猶）免寡人之冠也。（戰 46）

突於骨隨（髓）。（戰 47）

魚（吾）欲用所善。（戰 47）

臣請歸擇（釋）事，句（苟）得時見，盈願矣。（戰 48）

叚（假）臣孝如增（曾）參，信如尾星（生）。（戰 49）

節（即）有惡臣者，可毋壄（慚）乎？（戰 49）

信如尾星（生），乃不延（誕）。（戰 50）

皆以不復其掌（常）。（戰 53）

則天下故（固）不能謀齊矣。（戰 64）

有（又）慎毋非令群臣眔義（議）功（攻）齊。（戰 66）

齊王以燕爲必侍（待）其袋（弊）而功（攻）齊。（戰 66）

取進（淮）北。（戰 67）

使梁（梁）、乾（韓）皆效地。（戰 68）

王明視（示）天下以有燕。（戰 76）

燕王甚兌（悅）。（戰92）

摯（質）子。（戰94）

使人於齊大夫之所而俞（偷）語則有之。（戰
100）

大（太）上破之，其□賓（擯）之。（戰103）

欲以平陵蛇（虵）薛。（戰104）

平陵雖（唯）成（城）而已，其𨜒（鄙）盡
入粱（梁）氏矣。（戰104-105）

王○尙（嘗）與臣言。（戰117-118）

天下之兵皆去秦而與齊諍（爭）宋地。（戰
123）

王以（已）和三晉伐秦。（戰124）

則王事遬（速）夬（決）矣。（戰125）

而國隋（隨）以亡。（戰135）

願君之以氏（是）慮事也。（戰139）

此非兵力之請（精）也，非計慮之攻（工）
也。（戰140）

陵七刃（仞）之城。（戰142）

不試（識）禮義德行。（戰148）

若禽守（獸）耳。（戰148）

穰侯，咎（舅）也，功莫多焉，而諒（竟）
逐之。（戰149）

此於□戚若此，而兄（況）仇讎之國乎。（戰
150）

與大梁（梁）粼（鄰）。（戰 152）

與楚兵夬（決）於陳鄗（郊）。（戰 156）

而惡安陵是（氏）於秦。（戰 158）

夫增（憎）韓，不愛安陵氏，可也。（戰 159）

足以佩（刷）先王之餌（恥）。（戰 176）

以方（妨）河東。（戰 177）

而武安君之棄禍存身之夬（訣）也。（戰 186）

竊自□老，輿（與）恐玉臄（體）之有所戳
（郤）也。（戰 189）

老婦持（恃）連（輦）而戾（還）。（戰 189）

少益耆（嗜）食。（戰 190）

於氏（是）為長安君約車百乘。（戰 200）

然兄（況）人臣乎。（戰 201）

侯（何）不使人胃（謂）燕相國曰。（戰 203）

舜雖賢，非適禺（遇）堯，不王也。（戰 204）

三王者皆賢矣，不曹（遭）時不王。（戰 204）

齊亡於燕，余（除）疾不盡也。（戰 206-207）

願君之剶（專）志於攻齊而毋有它慮也。（戰
209）

列在萬乘，奇（寄）質於齊。（戰 209-210）

使明（盟）周室而棼（焚）秦符。（戰 214）

大（太）上破秦，其次必長惷（擯）之。（戰
214）

然則王何不使可信者棲（接）收燕、趙。（戰
217）

因迥（驅）韓、魏以伐齊。（戰 219）

臣聞□洛（露）降，時雨至，禾穀絳（豐）
盈。（戰 224）

秦幾（豈）夏（憂）趙而曾（憎）齊戈（哉）。
（戰 225）

欲以亡韓、呻（吞）兩周。（戰 225）

恐事之不〇誠（成）。（戰 226）

齊乃西師以唫（禁）強秦。（戰 233）

臣願王與下吏羊（詳）計某言而竺（篤）慮
之也。（戰 236）

楚回（圍）翁（雍）是（氏）。（戰 236）

淺（踐）亂（亂）燕國。（戰 251）

冶（與）國非可持（恃）也。（戰 256）

洛（賂）之以一名縣。（戰 257）

天下必芯（笑）王。（戰 267）

秦餘（與）楚爲上交。（戰 273）

姦（間）趙入秦。（戰 275）

傳（專）恃楚之救，則粱（梁）必危矣。（戰
285）

譔（選）擇賢者。（戰 287）

齊、楚見亡不叚（退）。（戰 298）

則使臣赤（亦）敢請其日以復於□君乎？（戰
317）

此外，1965 年 12 月在山西省“侯馬晉國遺址”
內發掘出來的 2,400 多年前的“侯馬盟書”、1972
年 4 月在山東臨沂銀雀山漢墓出土的竹簡本《孫子
兵法》、《孫臏兵法》、1975 年 12 月在湖北雲夢睡虎
地出土的 1,000 餘枝秦簡，其用字也都有異於一般
傳世古籍，由此可見一般傳世的古籍，決非先秦，
甚至不是西漢初年的面貌。

因此，高本漢根據《十三經注疏》本《左傳》、
《論語》和《孟子》所使用的助詞來證明左語不同
於魯語，從而證明《左傳》的作者不是魯國人，是
不可靠的，主要是因為材料有問題。只有找到原本，
或十分接近原本的《左傳》、《論語》和《孟子》來
比較，才能得出比較可信的結論。

　　試比較帛書《老子》和傅奕本《老子》所用的
助詞，其間就有不少出入，例如：

傅奕本　　　　不笑不足以爲道。
乙　本　　　　弗笑□□以爲道。

傅奕本　　　　不爲而成。
甲　本　　　　弗爲而□。
乙　本　　　　弗爲而成。

傅奕本　　　　生而不有，爲而不恃，長而不宰。
甲　本　　　　□□弗有，爲而弗寺也，長而勿宰
　　　　　　　也。
乙　本　　　　□□□□，□□□□，□□弗宰。

傅奕本　　　　蜂蠆不螫，猛獸不據，攫鳥不搏。
甲　本　　　　逢㺊虫畏地弗螫，攫鳥猛獸弗搏。
乙　本　　　　蜂癘虫蛇弗赫，據鳥孟獸弗捕。

傅奕本　　　　知者不言也，言者不知也。
甲　本　　　　□□弗言，言者弗知。
乙　本　　　　知者弗言，言者弗知。

傅奕本　　　以輔萬物之自然而不敢爲也。

甲　本　　　能輔萬物之自□□弗敢爲。

乙　本　　　能輔萬物之自然而弗敢爲。

傅奕本　　　是以聖人處之上而民弗重，處之前
　　　　　　而民不害也。

甲　本　　　故居前而民弗害也，居上而民弗重
　　　　　　也。

乙　本　　　故居上而民弗重也，居前而民弗
　　　　　　害。

傅奕本　　　是以天下樂推而不猒。

甲　本　　　天下樂隼而弗猒也。

乙　本　　　天下皆樂誰而弗猒也。

傅奕本　　　不以其不爭，故天下莫能與之爭。

甲　本　　　非以亓无諍與？故□□□□□諍。

乙　本　　　不□亓无爭與？故天下莫能與爭。

傅奕本　　　天無以淸，將恐裂。

甲　本　　　胃天毋已淸，將恐□。

乙　本　　　胃天毋已淸，將恐蓮。

傅奕本　　　明道若昧。
乙　本　　　明道如費。

傅奕本　　　夷道若纇，進道若退。
乙　本　　　進道如退，夷道如纇。

傅奕本　　　上德若谷，大白若纇，廣德若不足，
　　　　　　建德若婾。
乙　本　　　上德如浴，大白如辱，廣德如不足，
　　　　　　建德如□。

傅奕本　　　大滿若盅。
甲　本　　　大盈若盅。
乙　本　　　□盈如沖。

傅奕本　　　大直若詘，大巧若拙，大辯若訥。
甲　本　　　大直如詘，大巧如拙，大贏如炳。
乙　本　　　□□□□，□□如掘，□□□絀。

傅奕本　　　慎終如始，則無敗事。
甲　本　　　故慎終若始，則□□□。

乙　本　　　　　故曰：慎冬若始，則无敗事矣。

　　在上述例子中，有一點值得留意，那就是即使同一版本之內，助詞的使用前後也不一定一致，例如傅奕本"是以聖人處之上而民弗重，處之前而民不害也"，前句用"弗"，後句用"不"；又如甲本"□□弗有，為而弗寺（恃）也，長而勿宰也"，前兩句用"弗"，後句用"勿"；又如傅奕本多用"若"字，可是在"慎終如始"中，則用"如"字，乙本多用"如"字，但在"慎冬若始"中，則用"若"字。那麼，最初著諸竹帛的時候，是否一定嚴格一致呢？似乎也不是完全不可以懷疑的。

　　再加上時代和文體等因素的考慮，我認為對高本漢《左傳》作者一定不是魯國人這說法，應有所保留。我們要注意：（一）《左傳》對魯國的國君但稱公，對其他國家的諸侯則稱"宋公"、"晉侯"、"秦伯"、"楚子"；（二）到魯國去的多用"來"字，如"來歸"、"來聘"、"來奔"之類；（三）主語是魯國時，大多省略，如

"夏四月，取郜大鼎于宋"（桓 2）。（四）紀魯時用"我"字，如"庚寅，我入祊"（隱 8）。其記載很明顯以魯爲中心。如果《左傳》作者不是魯國人，爲甚麼要這樣記載呢？

讀杜預《春秋經傳集解序》 五情說小識

　　杜預（222-284）《春秋經傳集解序》[1]有三體五情之說，體者、體例也，情者、情況也。茲引杜氏原文如下：

---

[1] 孔《疏》曰："此序題目文多不同，或云《春秋序》，或云《左氏傳序》，或云《春秋經傳集解序》，或云《春秋左氏傳序》，案晉宋古本及今定本並云《春秋左氏傳序》，今依用之。南人多云：'此本《釋例》序，後人移之於此'，且有題曰《春秋釋例序》，置之《釋例》之端，今所不用；晉大尉劉寔，與杜同時人也，宋大學博士賀道養，去杜亦近，俱為此序作注，題並不言《釋例序》，明非《釋例》序也。又晉宋古本序在《集解》之端，徐邈以晉世言《五經》音訓，為此序作音，且此序稱分年相附，隨而解之，名曰《經傳集解》，是言為《集解》作序也，又別集諸例，從而釋之，名曰《釋例》，異同之說，《釋例》詳之，是其據《集解》而指《釋例》，安得為《釋例》序也。"（《十三經注疏》本《春秋左傳注疏》卷 1 頁 1a，總頁 6，臺北藝文印書館景印清嘉慶 20 年南昌府學重刊本，1973 年 5 月。）堯案：據序文，則此序當名《春秋經傳集解序》，今見《十三經注疏》本則作《春秋序》。

其（指《左傳》——引者）發"凡"以言例，
皆經國之常制、周公之垂法、史書之舊章，
仲尼從而脩之，以成一經之通體。其微顯闡
幽，裁成義類者，皆據舊例而發義，指行事
以正褒貶，諸稱"書"、"不書"、"先書"、
"故書"、"不言"、"不稱"、"書曰"
之類，皆所以起新舊，發大義，謂之變例。
然亦有史所不書，即以爲義者，此蓋《春秋》
新意，故《傳》不言"凡"，曲而暢之也。
其《經》無義例，因行事而言，則《傳》直
言其歸趣而已，非例也。故發《傳》之體有
三，而爲例之情有五：一曰微而顯，文見於
此，而起義在彼，稱族尊君命、舍族尊夫人、
梁亡、城緣陵之類是也；二曰志而晦，約言
示制，推以知例，參會不地、與謀曰及之類
是也；三曰婉而成章，曲從義訓，以示大順，
諸所諱辟、璧假許田之類是也；四曰盡而不
汙，直書其事，具文見意，丹楹刻桷、天王
求車、齊侯獻捷之類是也；五曰懲惡而勸善，
求名而亡，欲蓋而章，書齊豹盜、三叛人名
之類是也。[2]

---

[2] 《春秋左傳注疏》卷 1 頁 12b-17b（總頁 11-14）。

　　三體之說，前人論之已夥，今但說五情。五情者，蓋出自成公十四年九月《左傳》：

　　……故君子曰："《春秋》之稱，微而顯，志而晦，婉而成章，盡而不汙，懲惡而勸善，非聖人誰能脩之！"[3]

是"微而顯"云云，本謂《春秋》。孔穎達（574-648）《疏》曰：

　　書《經》有此五情……《傳》爲《經》發例，其體有此五事。[4]

　　現先引述杜、孔之說，然後再加討論。

　　五情之首爲"微而顯"，杜《注》釋之云："辭微而義顯。"[5]昭公三十一年孔《疏》曰："微而顯者，據文雖微隱，而義理顯著。"[6]

___

[3] 同上，卷 27 頁 19b（總頁 465）。

[4] 同上，卷 1 頁 16a（總頁 13)。

[5] 同注 3。

[6] 《春秋左傳注疏》卷 53 頁 20b（總頁 930)。

　　“微而顯”之首例爲“稱族尊君命，舍族尊夫
人”。案成公十四年《經》曰：“秋，叔孫僑如如
齊逆女”[7]，又曰：“九月，僑如以夫人婦姜氏至自
齊”[8]。《左傳》曰：“秋，宣伯如齊逆女，稱族，
尊君命也。”[9]又曰：“九月，僑如以夫人婦姜氏至
自齊，舍族，尊夫人也。”[10]杜《注》曰：“舍族，
謂不稱叔孫。”[11]《集解序》孔《疏》曰：“叔孫，
是其族也。褒賞稱其族，貶責去其氏。衛君命出使，
稱其族，所以爲榮；與夫人俱還，去其氏，所以爲
辱。出稱叔孫，舉其榮名，所以尊君命也；入舍叔
孫，替其尊稱，所以尊夫人也。族自卿家之族，稱
舍別有所尊，是文見於此，而起義在彼。”[12]

　　“微而顯”之次例爲“梁亡”。案僖公十九年
《經》曰：“梁亡”[13]，《傳》曰：“梁亡，不書其
主，自取之也。初，梁伯好土功，亟城而弗處。民

---

[7] 同上，卷 27 頁 17b（總頁 464）。

[8] 同上，頁 18a。

[9] 同上，頁 19a。

[10] 同上，頁 19b。

[11] 同上。

[12] 同注 4。

[13] 《春秋左傳注疏》卷 14 頁 21b（總頁 239)。

罷而弗堪，則曰：‘某寇將至’。乃溝公宮。曰：
‘秦將襲我。’民懼而潰，秦遂取梁。”[14]杜《注》：
“不書取梁者主名。”[15]僖公十九年孔《疏》曰：
“不書所取之國，以爲梁國自亡，非復取者之罪，
所以深惡梁耳，非言秦得滅人國也。”[16]又《集解
序》孔《疏》曰：“秦人滅梁，而曰‘梁亡’，文
見於此。梁亡，見取者之無罪。”[17]

　　“微而顯”之第三例爲“諸侯城緣陵”。案僖
公十四年《經》曰：“諸侯城緣陵”[18]，《傳》曰：
“春，諸侯城緣陵而遷杞焉。不書其人，有闕也。”
[19]杜《注》：“緣陵、杞邑。辟淮夷，遷都於緣陵。”
[20]又曰：“闕，謂器用不具，城池未固而去，爲惠
不終也。”[21]案僖公元年《經》曰：“齊師、宋師、

---

[14] 同上，頁 23b。

[15] 同上。

[16] 同注 13。

[17] 《春秋左傳注疏》卷 1 頁 16b（總頁 13）。

[18] 同上，卷 13 頁 21a（總頁 224）。

[19] 同上，頁 21b。

[20] 同注 18。

[21] 同注 19。

曹師城邢。"[22]十四年孔《疏》曰："元年：'齊
師、宋師、曹師城邢'，《傳》稱'具邢器用而遷
之，師無私焉'，是器用具而城池固，故具列三國
之師，詳其文以美之也。今此摠云'諸侯城緣陵'，
不言某侯、某侯，與'城邢'文異；不具書其所城
之人，爲其有闕也。"[23]《集解序》孔《疏》曰：
"齊桓城杞，而書'諸侯城緣陵'，文見於此。城
緣陵，見諸侯之有闕，亦是文見於此，而起義在彼。
皆是辭微而義顯。"[24]

　　五情之二爲"志而晦"，杜《注》釋之云："志，
記也。晦，亦微也。謂約言以記事，事敘而文微。"
[25]

　　"志而晦"之首例爲"參會不地"。案桓公二
年《經》曰："公及戎盟於唐。冬，公至自唐。"
[26]《傳》曰："特相會，往來稱地，讓事也，自參

---

[22]　《春秋左傳注疏》卷 12 頁 1b（總頁 197）。

[23]　同上，卷 13 頁 22a（總頁 224）。

[24]　同注 17。

[25]　同注 3。

[26]　《春秋左傳注疏》卷 5 頁 5a（總頁 90）。

以上，則往稱地，來稱會，成事也。”[27]杜《注》：
“特相會，公與一國相會也。會必有主，二人獨會，
則莫肯爲主，兩讓，會事不成，故但書地。”[28]《集
解序》孔《疏》曰：“其意言會必有主，二人共會，
則莫肯爲主，兩相推讓，會事不成，故以地致。三
國以上，則一人爲主，二人聽命，會事有成，故以
會致。”[29]

　　“志而晦”之次例爲“與謀曰及”。案宣公七
年《經》曰：“夏，公會齊侯伐萊。”[30]《傳》曰：
“夏，公會齊侯伐萊，不與謀也。凡出師與謀曰及，
不與謀曰會。”[31]杜《注》：“與謀者，謂同志之國，
相與講議利害，計成而行之，故以相連及爲文。若
不獲已，應命而出，則以外合爲文。”[32]

　　《集解序》孔《疏》曰：“此二事者，義之所
異，在於一字。約少其言，以示法制；推尋其事，

[27] 同上，頁 18b（總頁 96）。

[28] 同上。

[29] 《春秋左傳注疏》卷 1 頁 17a（總頁 14）。

[30] 同上，卷 22 頁 4a（總頁 377）。

[31] 同上，頁 4b。

[32] 同上。

以知其例。是所記事有敘，而其文晦微也。"[33]

　　五情之三爲"婉而成章"，杜《注》釋之曰："婉，曲也。謂屈曲其辭，有所辟諱，以示大順，而成篇章。"[34]

　　"婉而成章"之首例爲"諸所諱辟"，孔《疏》曰："言諸所諱辟者，其事非一，故言諸以揔之也。若僖十六年，公會諸侯於淮，未歸，而取項。齊人以爲討而止公。十七年九月，得釋始歸，諱執止之恥，辟而不言，《經》乃書'至自會'。諸如此類，是諱辟之事也。"[35]案僖公十六年《經》曰："冬，十有二月，公會齊侯、宋公、陳侯、衛侯、鄭伯、許男、邢侯、曹伯于淮。"[36]又僖公十七年《經》："九月，公至自會。"[37]僖公十七年《傳》曰："九月，公至。書曰'至自會'，猶有諸侯之事焉，且諱之也。"[38]杜《注》："公既見執於齊，猶以會致

---

[33] 同注 29。

[34] 同注 3。

[35] 同注 29。

[36] 《春秋左傳注疏》卷 14 頁 14b（總頁 235）。

[37] 同上，頁 17a（總頁 237）。

[38] 同上，頁 18a。

者，諱之。"³⁹又曰："恥見執，故託會以告廟。"
⁴⁰

　　"婉而成章"之次例爲"璧假許田"。案桓公
元年《經》曰："三月，公會鄭伯於垂，鄭伯以璧
假許田。"⁴¹鄭伯，鄭莊公也。《傳》曰："三月，
鄭伯以璧假許田，爲周公祊故也。"⁴²杜《注》："魯
不宜聽鄭祀周公，又不宜易取祊田，犯二不宜以動，
故隱其實。不言祊，稱璧假，言若進璧以假田，非
久易也。"⁴³孔《疏》："周公非鄭之祖，魯不宜聽
鄭祀周公。天子賜魯以許田，義當傳之後世，不宜
易取祊田。於此一事，犯二不宜以動，故史官諱其
實。不言以祊易許，乃稱以璧假田，言若進璧於魯
以權借許田，非久易然，所以諱國惡也。不言以祊
假而言以璧假者，此璧實入於魯，但諸侯相交，有
執圭璧致信命之理，今言以璧假，似若進璧以致辭
然，故璧猶可言，祊則不可言也。何則？祊、許俱
地，以地易地，易理已章。非復得爲隱諱故也。"

---

³⁹ 同注 37。

⁴⁰ 同注 38。

⁴¹ 《春秋左傳注疏》卷 5 頁 1b（總頁 88）。

⁴² 同上，頁 2a。

⁴³ 同上。

[44]《集解序》孔《疏》曰："諸侯有大功者，於京師受邑，爲將朝而宿焉，謂之朝宿之邑。方岳之下，亦受田邑，爲從巡守備湯水以共沐浴焉，謂之湯沐之邑。魯以周公之故，受朝宿之邑於京師，許田是也。鄭以武公之故，受湯沐之邑於泰山，祊田是也。隱桓之世，周德既衰，魯不朝周，王不巡守，二邑皆無所用，因地勢之便，欲相與易。祊薄不足當許，鄭人加璧以易許田。諸侯不得專易天子之田，文諱其事。桓元年《經》書'鄭伯以璧假許田'，言若進璧假田，非久易也。"[45]

《集解序》孔《疏》又曰："掩惡揚善，臣子之義，可以垂訓於後，故此二事（謂'諸所諱辟'及'璧假許田'——引者），皆屈曲其辭，從其義訓，以示大順之道，是其辭婉曲而成其篇章也。"[46]

五情之四爲"盡而不汙"，杜《注》釋之曰：

---

[44] 同上，頁 2a-2b。

[45]《春秋左傳注疏》卷 1 頁 17a-17b（總頁 14）。

[46] 同上，頁 17b。

"謂直言其事，盡其事實，無所汙曲。"[47]

　　"盡而不汙"之首例爲"丹楹刻桷"。案莊公
二十三年《經》曰："秋，丹桓宮楹。"[48]杜《注》：
"桓公廟也。楹、柱也"[49]又莊公二十四年《經》
曰："春，王三月，刻桓宮桷"[50]杜《注》："刻、
鏤也。桷、椽也。"[51]莊公二十三年《傳》："秋、
丹桓宮之楹。"[52]又莊公二十四年《傳》曰："春，
刻其桷。皆非禮也。"[53]杜《注》："并非盈楹，故
言皆。"[54]《集解序》孔《疏》曰："禮制：宮廟
之飾，楹不丹，桷不刻。"[55]又莊公二十四年孔《疏》：
"《穀梁傳》曰：'禮：楹，天子諸侯黝堊，大夫
蒼，士黈。丹楹，非禮也。'《注》云：黝堊、黑
色；黈、黃色。'又曰：'禮：天子之桷，斲之礱

---

[47] 同注 3。

[48] 《春秋左傳注疏》卷 10 頁 2a（總頁 171）。

[49] 同上。

[50] 《春秋左傳注疏》卷 10 頁 3a（總頁 172）。

[51] 同上。

[52] 同注 48，頁 2b。

[53] 同上，頁 4a。

[54] 同上。

[55] 同注 46。

之，加密石焉；諸侯之桷，斲之礱之；大夫斲之；
士斲本。刻桷，非正也。' '加密石'《注》云：
'以細石磨之。'《晉語》云：'天之之室，斲其
椽而礱之，加密石焉；諸侯礱之；大夫斲之，士首
之。' 言雖小異，要知正禮楹不丹、桷不刻，故云：
'皆非禮也'。"[56]

　　"盡而不汙"之次例爲"天王求車"。案桓公
十五年《經）曰："春，二月，天王使家父來求車。"
[57]《傳》曰："春，天王使家父來求車，非禮也。
諸侯不貢車服，天子不私求財。"[58]杜《注》："車
服，上之所以賜下。"[59]又曰："諸侯有常職貢。"
[60]諸侯於天子既有常職貢，則天子不當私求財也。

　　"盡而不汙"之第三例爲"齊侯獻捷"。案莊
公三十一年《經》曰："六月，齊侯來獻戎捷[61]。"
《傳》曰："夏，六月，齊侯來獻戎捷，非禮也。

---

[56] 同注 53。

[57]《春秋左傳注疏》卷 7 頁 18a（總頁 126）。

[58] 同上，頁 20a。

[59] 同上。

[60] 同上。

[61]《春秋左傳注疏》卷 10 頁 19a（總頁 180）。

凡諸侯有四夷之功，則獻於王，王以警於夷；中國
則否。諸侯不相遺俘。"[62]孔《疏》："捷、勝也，
戰勝而有獲，獻其獲，故以捷爲獲也。……獻者，
自下奉上之稱；遺者，敵體相與之辭。《傳》曰：
'諸侯不相遺俘。'齊侯、楚人（案：僖公二十一
年《經》：'楚人使宜申來獻捷'——引者）失辭
稱獻，失禮遺俘，故因其來辭，見自卑也。以其大
卑，故書以示過。此《經》言獻捷，《傳》言遺俘，
則是獻捷、獻囚俘也。"[63]

《集解序》孔《疏》曰："三者皆非禮而動，
直書其事，不爲之隱，具爲其文。以見譏意，是其
事實盡而不有汙曲也。"[64]

五情之末爲"懲惡而勸善"，杜《注》釋之曰：
"善名必書，惡名不滅，所以爲懲勸。"[65]

"懲惡而勸善"之首例爲"書齊豹盜"。案昭

[62] 同上，頁 19b。

[63] 同上，頁 19a-19b。

[64] 同注 46。

[65] 同注 3。

公二十年《經》：“秋，盜殺衛侯之兄縶。”[66]《傳》
曰：“衛公孟縶狎齊豹，奪之司寇與鄄，有役則反
之，無則取之。公孟惡北宮喜、褚師圃，欲去之。
公子朝通于襄夫人宣姜，懼而欲以作亂。故齊豹、
北宮喜、褚師圃、公子朝作亂。……公孟有事於蓋
獲之門外，齊子氏帷於門外，而伏甲焉，使祝鼃寘
戈於車薪以當門，使一乘從公孟以出。華齊御公孟，
宗魯驂乘。及閎中，齊氏用戈擊公孟，宗魯以背蔽
之，斷肱，以中公孟之肩。皆殺之。”[67]《集解序》
孔《疏》曰：“齊豹、衛國之卿。《春秋》之例，
卿皆書其名氏。齊豹忿衛侯之兄，起而殺之，欲求
不畏彊禦之名。《春秋》抑之，書曰盜。盜者，賤
人有罪之稱也。”[68]

　　“懲惡而勸善”之次例爲“三叛人名”。案襄
公二十一年《經》曰：“邾庶其以漆閭來奔。”[69]
《傳》曰：“庶其非卿也，以地來，雖賤必書，重

---

[66] 《春秋左傳注疏》卷 49 頁 1b（總頁 852）。

[67] 同上，頁 5a-6a。

[68] 《春秋左傳注疏》卷 1 頁 18a（總頁 14）。

[69] 同上，卷 34 頁 11a（總頁 589）。

地也。"[70]杜《注》："庶其,邾大夫。"[71]又曰:
"重地,故書其人。其人書,則惡名彰,以懲不義。"
[72]

又昭公五年《經》曰:"夏,莒牟夷以牟婁及
防茲來奔。"[73]《傳》曰:"牟夷非卿而書,尊地
也。"[74]杜《注》:"尊、重也。重地,故書以名,
其人終爲不義。"[75]

又昭公三十一年《經》曰:"冬,黑肱以濫來
奔。"[76]《傳》曰:"冬,邾黑肱以濫來奔,賤而
書名,重地故也。"[77]杜《注》:"黑肱非命卿,故
曰賤。"[78]

---

[70] 同上,頁 14a。

[71] 同上,頁 12a。

[72] 同注 70。

[73] 《春秋左傳注疏》卷 43 頁 1a(總頁 742)。

[74] 同上,頁 13a-13b。

[75] 同上,頁 13b。

[76] 《春秋左傳注疏》卷 53 頁 17b(總頁 929)。

[77] 同上,頁 19b。

[78] 同上。

　　昭公三十一年《傳》曰：“以地叛，雖賤，必
書地以名，其人終爲不義，弗可滅已。是故君子動
則思禮，行則思義，不爲利回，不爲義疚。或求名
而不得，或欲蓋而名章，懲不義也。齊豹爲衞司寇、
守嗣大夫，作而不義，其書爲盜。邾庶其、莒牟夷、
邾黑肱以土地出，求食而已，不求其名，賤而必書。
此二物者，所以懲肆而去貪也。若艱難其身，以險
危大人，而有名章徹，攻難之士，將奔走之。若竊
邑叛君，以徼大利而無名，貪冒之民，將寘力焉。
是以《春秋）書齊豹曰‘盜’、三叛人名，以懲不
義，數惡無禮，其善志也。故曰：《春秋》之稱，
微而顯，婉而辨。上之人能使昭明，善人勸焉，淫
人懼焉，是以君子貴之。”[79]《集解序》孔《疏》
曰：“邾庶其，黑肱、莒牟夷，三人皆小國之臣，
並非命卿，其名於例不合見經。竊地出奔，求食而
已，不欲求其名聞。《春秋》故書其名，使惡名不
滅。若其爲惡求名，而有名章徹，則作難之士，誰
或不爲？若竊邑求利而名不聞，則貪冒之人，誰不
盜竊？故書齊豹曰‘盜’、三叛人名，使其求名而
名亡，欲蓋而名章，所以懲創惡人，勸獎善人……
盜與三叛，俱是惡人，書此二事，唯得懲惡耳，而

---

[79] 同上，頁 19b-20b。

言勸善者，惡懲則善勸，故連言之。”[80]

　　杜預《集解序》曰：“推此五體，以尋《經》、《傳》，觸類而長之，附于二百四十二年行事，王道之正、人倫之紀備矣。”[81]孔《疏》曰：“上云情有五，此言五體者，言其意謂之情，指其狀謂之體，體、情一也，故互見之。‘一曰微而顯’者，是夫子脩改舊文以成新意，所修《春秋》以新意爲主，故爲五例之首。‘二曰志而晦’者，是周公舊凡、經國常制。‘三曰婉而成章’者，夫子因舊史大順，義存君親，揚善掩惡，夫子因而不改。‘四曰盡而不汙’者，夫子亦因舊史有正直之士，直言極諫，不掩君惡，欲成其美，夫子因而用之。此婉而成章、盡而不汙，雖因舊史，夫子即以爲義。總而言之。亦是新意之限，故《傳》或言‘書曰’，或言‘不書’。‘五曰懲惡而勸善’者，與上‘微而顯’不異。但勸戒緩者，在‘微而顯’之條；貶責切者，在‘懲惡勸善’之例。故‘微而顯’居五例之首，‘懲惡勸善’在五例之末。”[82]

---

[80] 同注 68。

[81] 同上。

[82] 同上，頁 18a-18b。

案杜、孔之說，可注意者，有下列數點：

（一）《左傳》所釋《春秋》書法，未必即書
《經》之意。如宣公元年《經》："公子遂如齊逆
女。三月，遂以夫人婦姜至自齊。"[83]《傳》曰：
"春，王正月，公子遂如齊逆女，尊君命也。三月，
遂以夫人婦姜至自齊，尊夫人也。"[84]此與成公十
四年"叔孫僑如如齊逆女"、"僑如以夫人婦姜氏
至自齊"同例，孔《疏》："公子亦是寵號，其事
與族相似"[85]，是也。唯《公羊傳》曰："遂以夫
人婦姜至自齊，遂何以不稱公子？一事而再見者，
卒名也。"[86]何休（129-182）《注》："卒，竟也；
竟但舉名者，省文。"[87]後世學者，贊同《公羊傳》
而懷疑《左傳》說者甚夥[88]，陳澧（1810-1882）更

---

[83] 《春秋左傳注疏》卷 21 頁 1a（總頁 360）。

[84] 同上，頁 3a-3b。

[85] 同上，頁 3b。

[86] 《十三經注疏》本《春秋公羊注疏》卷 15 頁 1b（總頁 187），
臺北藝文印書館景印清嘉慶 20 年（1815）南昌府學重刊本，
1973 年 5 月。

[87] 同上。

[88] 可參陳槃《左氏春秋義例辨》（上海：商務印書館，1947 年 8
月）卷 1 頁 30b-34b 及《綱要》頁 61b-62a。

謂：“此乃文法必當如此耳，左氏豈不知文法者
乎！”[89]

　　又僖公十四年《經》：“諸侯城緣陵”，《傳》
曰：“不書其人，有闕也。”前人亦多有疑之者[90]，
如陸淳（？-？）所纂《春秋集傳辯疑》曰：“按此
傳不知有前目後凡之義，故妄為此說。”[91]案僖公
十四年《公羊傳》曰：“公及齊侯、宋公、陳侯、
衛侯、鄭伯、許男、曹伯會王世子于首戴……八月，
諸侯盟于首戴。諸侯何以不序？一事而再見者，前
目而後凡也。”[92]陸淳所纂啖助、趙匡之說，即本
此意。孫覺（1028-1090）曰：“不敘諸侯，而凡言
之者，會鹹之諸侯，於是復合而城之。前目後凡，
《春秋》之簡辭也。”[93]孫氏所謂“會鹹之諸侯”，
蓋指僖公十三年《經》之“公會齊侯、宋公、陳侯、
衛侯、鄭伯、許男、曹伯於鹹。”[94]

---

[89]　《東塾讀書記》（上海:世界書局，1936 年 12 月）頁 109。

[90]　同注 88，卷 3 頁 1a-8b。

[91]　《春秋集傳辯疑》（《叢書集成初編》本）頁 58。

[92]　同注 86，卷 10 頁 18a。

[93]　《春秋經解》（《叢書集成初編》本）頁 217。

[94]　《春秋左傳注疏》卷 13 頁 20a（總頁 223）。

又桓公二年《經》："公及戎盟于唐。多，公
至自唐。"《傳》曰："特相會，往來稱地，讓事
也；自參以上，則往稱地，來稱會，成事也。"趙
匡曰："按成會而歸，即非止於讓，以會告廟，有
何不可？此不達內外異辭之例，妄爲異說爾。且諸
書‘至自會’者，所會悉非魯地，故知四處至稱地，
皆魯地故也。"[95]

又宣公七年《經》："夏，公會齊侯伐萊。秋，
公至自伐萊。"《傳》曰："夏，公會齊侯伐萊，
不與謀也。凡出師與謀曰及，不與謀曰會。"前人
亦多有疑《傳》說者[96]，郝敬（1558-1638）曰："《經》
書‘會’多矣，同伐、同盟皆稱‘會’。是役也，
公夏往秋歸，焉得不與謀！凡《傳》例之無端，類
此。"[97]

（二）《集解序》謂"志而晦"是"周公舊凡，
經國常制"，竊恐不然。"參會不地"、"與謀曰
及"之類，即如杜說，亦不過史官書法耳，曷足以

---

[95] 同注 91，頁 18。
[96] 同注 88，卷 6 頁 2a-3b。
[97] 《春秋非左》（光緒辛卯〔1891〕三餘艸堂藏板）頁 28b-29a。

當"非聖人誰能脩之"之美譽哉！竹添光鴻（1842-
1917）釋"志而晦"曰："志者，微之反，具其辭
也。晦者，顯之反，言義不可以辭而已矣，如'鄭
伯克段於鄢'、'會于稷以成宋亂'、'晉趙盾弒
其君夷皋'之類是也，'梁亡'、'城緣陵'，亦
當是例。"[98]竹添光鴻所言，"志者，微之反"一語，
略有可商，其餘則遠勝杜、孔。

　　（三）《集解序》孔《疏》曰："三曰'婉而
成章'者，夫子因舊史大順，義存君親，揚善掩惡，
夫子因而不改。四曰'盡而不汙'者，夫子亦因舊
史有正直之士，直言極諫，不掩君惡，欲成其美，
夫子因而用之。此婉而成章，盡而不汙，雖因舊史，
夫子即以為義。"竊以為"婉而成章、盡而不汙"，
不必皆因舊史，若皆因舊史，則鈔胥而已，曷需聖
人脩之？

　　（四）竹添光鴻說"懲惡而勸善"曰："此總
上四者言之。杜《序》以為五體，非矣。上四者此
所以懲惡而勸善也。……《春秋》外上四者，而別
有勸懲之書法乎？且杜引齊豹、三叛人，此唯懲惡

---

[98] 《左氏會箋》（臺北：古亭書屋，1969 年 12 月）卷 13 頁 22-23。

耳。"[99]其說是也。錢鍾書先生謂"'五例'之一、
二、三、四示載筆之體,而其五示載筆之用",與
竹添光鴻說略同。《集解序》孔《疏》[100]曰:"五曰
'懲惡而勸善'者,與上'微而顯'不異。但勸戒
緩者,在'微而顯'之條;貶責切者,在'懲惡勸
善'之例。"其說非是。

　　竊以爲"微而顯"等五者可分三層看,"微而
顯,志而晦",主要謂字面之效果;"婉而成章、
盡而不汙",主要謂書寫之態度;"懲惡而勸善",
主要謂其對社會之影響,三者不必互相排斥,如僖
公二十八年《經》:"天王狩于河陽"[101],《傳》曰:
"是會也,晉侯召王,以諸侯見,且使王狩。仲尼
曰:'以臣召君,不可以訓,故書曰:'天王狩于
河陽。''天王狩于河陽',言非其地也,且明德
也。"[102]杜《注》:"晉侯大合諸侯,而欲尊事天子
以爲名義,自嫌強大,不敢朝周。喻王出狩,因得

---

[99] 同上,頁23。

[100] 《管錐編》(北京:中華書局,1979年8月)頁162。

[101] 《春秋左傳注疏》卷16頁16b(總頁269)。

[102] 同上,頁30a-31a。

盡群臣之禮，皆譎而不正之事。"[103]又曰："隱其
召君之闕，欲以明晉之功德。"[104]孔《疏》曰："聖
人作法，所以貽訓後世。以臣召君，不可以爲教訓，
故改正舊史。舊史當依實而書，言'晉侯召王，且
使王狩'。仲尼書曰：'天王狩于河陽'，言天王
自來狩獵于河陽之地，使若獵失其地，故書之以譏
王。"[105]案此條可歸"志而晦"（此處"志而晦"
用竹添光鴻說），亦可歸"婉而成章"及"懲惡而
勸善"。

　　要之，杜預《集解序》將"微而顯"等平列爲
五項，似有可商；其釋"志而晦"，亦覺不當。"婉
而成章，盡而不汙"，實不必皆因舊史。而《傳》
之釋《經》，未必即爲《經》意。凡此皆讀《春秋》、
《左傳》不可不察者也。

---

[103] 同上，頁30a。

[104] 同上，頁31a。

[105] 同上，頁30b。

錢鍾書《管錐篇》杜預
〈春秋序〉札記管窺

杜預（222-284）《春秋序》[1]云：

> 為例之情有五：一曰微而顯，文見於此，而
> 起義在彼，稱族尊君命、舍族尊夫人、梁

---

[1] 孔《疏》曰："此序題目文多不同，或云《春秋序》，或云《左氏傳序》，或云《春秋經傳集解序》，或云《春秋左氏傳序》，案晉宋古本及今定本並云《春秋左氏傳序》，今依用之。南人多云：'此本《釋例》序，後人移之於此'，且有題曰《春秋釋例序》，置之《釋例》之端，今所不用；晉大尉劉寔，與杜同時人也，宋大學博士賀道養，去杜亦近，俱為此序作注，題並不言《釋例序》，明非《釋例》序也。又晉宋古本序在《集解》之端，徐邈以晉世言《五經》音訓，為此序作音，且此序稱分年相附，隨而解之，名曰《經傳集解》，是言為《集解》作序也，又別集諸例，從而釋之，名曰《釋例》，異同之說，《釋例》詳之，是其據《集解》而指《釋例》，安得為《釋例》序也。"（《十三經注疏》本《春秋左傳注疏》〔臺北：藝文印書館景印清嘉慶20年(1815)南昌府學重刊本，1973年5月〕卷1頁1a，總頁6。）堯案：據序文，則此序當名《春秋經傳集解序》，今見《十三經注疏》本則作《春秋序》。

亡、城緣陵之類是也；二曰志而晦，約言示
制，推以知例，參會不地、與謀曰及之類是
也；三曰婉而成章，曲從義訓，以示大順，
諸所諱辟、璧假許田之類是也；四曰盡而不
汙，直書其事，具文見意，丹楹刻桷、天王
求車、齊侯獻捷之類是也；五曰懲惡而勸
善，求名而亡，欲蓋而章，書齊豹盜、三叛
人名之類是也。[2]

錢鍾書先生（1910-1998）《管錐篇》曰：

竊謂五者乃古人作史時心鄉神往之楷模，殫
精竭力，以求或合者也，雖以之品目《春
秋》，而《春秋》實不足語於此。[3]

案：所謂五情者，“微而顯”云云，蓋出自成公十
四年九月《左傳》：

……故君子曰：“《春秋》之稱，微而顯，
志而晦，婉而成章，盡而不汙，懲惡而勸

---

[2]　《春秋左傳注疏》卷1頁12b-17b（總頁11-14）。

[3]　《管錐篇》（北京：中華書局，1979年8月）頁161。

善，非聖人誰能脩之！”[4]

是君子所讚譽《春秋》者，錢先生則認爲“《春秋》實不足語於此”，蓋君子之“微而顯，志而晦，婉而成章，盡而不汙，懲惡而勸善”，非徒錢先生所謂“古人作史時心嚮神往之楷模”也。

茲以五情之首“微而顯”爲例，先引述杜預、孔穎達（574-648）之說，然後再加討論。

杜《注》釋“微而顯”云：“辭微而義顯。”[5]昭公三十一年孔《疏》曰：“微而顯者，據文雖微隱，而義理顯著。”[6]

《春秋序》所舉“微而顯”首例爲“稱族尊君命，舍族尊夫人”。案成公十四年《經》曰：“秋，叔孫僑如如齊逆女”[7]，又曰：“九月，僑如

---

[4] 同注2，卷27頁19b（總頁465）。

[5] 同注4。

[6] 《春秋左傳注疏》卷53頁20b（總頁930）。

[7] 同上，卷27頁17b（總頁464）。

以夫人婦姜氏至自齊"[8]。《左傳》曰："秋，宣伯
如齊逆女，稱族，尊君命也。"[9]又曰："九月，僑
如以夫人婦姜氏至自齊，舍族，尊夫人也。"[10]杜
《注》曰："舍族，謂不稱叔孫。"[11]《集解序》孔
《疏》曰："叔孫，是其族也。褒賞稱其族，貶責
去其氏。銜君命出使，稱其族，所以爲榮；與夫人
俱還，去其氏，所以爲辱。出稱叔孫，舉其榮名，
所以尊君命也；入舍叔孫，替其尊稱，所以尊夫人
也。族自卿家之族，稱舍別有所尊，是文見於此，
而起義在彼。"[12]

　　"微而顯"之次例爲"梁亡"。案僖公十九年
《經》曰："梁亡"[13]，《左傳》曰："梁亡，不書
其主，自取之也。初，梁伯好土功，亟城而弗處。
民罷而弗堪，則曰：'某寇將至'，乃溝公宮。
曰：'秦將襲我'，民懼而潰，秦遂取梁。"[14]杜

---

[8] 同上，頁18a。

[9] 同上，頁19a。

[10] 同上，頁19b。

[11] 同上。

[12] 同注4。

[13] 《春秋左傳注疏》卷14頁21b（總頁239）。

[14] 同上，頁23b。

《注》釋《左傳》"不書其主"曰："不書取梁者
主名。"[15]僖公十九年孔《疏》曰："不書所取之
國，以爲梁國自亡，非復取者之罪，所以深惡梁
耳，非言秦得滅人國也。"[16]又《集解序》孔《疏》
曰："秦人滅梁，而曰'梁亡'，文見於此。梁
亡，見取者之無罪。"[17]

　　"微而顯"之第三例爲"諸侯城緣陵"。案僖
公十四年《經》曰："諸侯城緣陵"[18]，《左傳》
曰："春，諸侯城緣陵而遷杞焉。不書其人，有闕
也。"[19]杜《注》："緣陵、杞邑。辟淮夷，遷都於
緣陵。"[20]又曰："闕，謂器用不具，城池未固而
去，爲惠不終也。"[21]案僖公元年《經》曰："齊
師、宋師、曹師城邢。"[22]十四年孔《疏》曰："元
年：'齊師、宋師、曹師城邢'，《傳》稱'具邢

---

[15] 同上。

[16] 同注13。

[17] 《春秋左傳注疏》卷1頁16b（總頁13）。

[18] 同上，卷13頁21a（總頁224）。

[19] 同上，頁21b。

[20] 同注18。

[21] 同注19。

[22] 《春秋左傳注疏》卷12頁1b（總頁197）。

器用而遷之，師無私焉’，是器用具而城池固，故
具列三國之師，詳其文以美之也。今此摠云‘諸侯
城緣陵’，不言某侯、某侯，與‘城邢’文異；不
具書其所城之人，爲其有闕也。”[23]《集解序》孔
《疏》曰：“齊桓城杞，而書‘諸侯城緣陵’，文
見於此。城緣陵，見諸侯之有闕，亦是文見於此，
而起義在彼。皆是辭微而義顯。”[24]

　　堯案：《左傳》所釋《春秋》書法，固未必即
書《經》之意。如宣公元年《經》：“公子遂如齊
逆女。三月，遂以夫人婦姜至自齊。”[25]《左傳》
曰：“春，王正月，公子遂如齊逆女，尊君命也。
三月，遂以夫人婦姜至自齊，尊夫人也。”[26]此與上
文所引成公十四年“叔孫僑如如齊逆女”、“僑如
以夫人婦姜氏至自齊”同例，孔《疏》曰：“公子
亦是寵號，其事與族相似”[27]，是也。惟《公羊傳》
曰：“遂以夫人婦姜至自齊，遂何以不稱公子？一

---

[23] 同上，卷13頁22a（總頁224）。

[24] 同注17。

[25] 《春秋左傳注疏》卷21頁1a（總頁360）。

[26] 同上，頁3a-3b。

[27] 同上，頁3b。

事而再見者，卒名也。"[28]何休（129-182）《注》：
"卒、竟也；竟但舉名者，省文。"[29]後世學者，贊
同《公羊傳》而懷疑《左傳》說者甚夥[30]，陳澧
（1810-1882）更謂："此乃文法必當如此耳，左氏
豈不知文法者乎！"[31]又如上文所引僖公十四年
《經》："諸侯城緣陵"，《左傳》曰："不書其
人，有闕也。"前人亦多有疑之者[32]，如陸淳（?-?）
所纂《春秋集傳辯疑》曰："按此傳不知有前目後
凡之義，故妄爲此說。"[33]案僖公十四年《公羊傳》
曰："公及齊侯、宋公、陳侯、衛侯、鄭伯、許
男、曹伯會王世子于首戴……八月，諸侯盟于首
戴。諸侯何以不序？一事而再見者，前目而後凡
也。"[34]陸淳所纂啖助、趙匡之說，即本此意。孫覺

[28] 《十三經注疏》本《春秋公羊注疏》（臺北：藝文印書館景印清
嘉慶20年〔1815〕南昌府學重刊本，1973年5月）卷15頁1b（總
頁187）。

[29] 同上。

[30] 可參陳槃《左氏春秋義例辨》（上海：商務印書館，1947年8
月）卷1頁30b-34b及《綱要》61b-62a。

[31] 《東塾讀書記》（上海：世界書局，1936年12月）頁109。

[32] 同注30，卷3頁1a-8b。

[33] 《春秋集傳辯疑》（《叢書集成初編》本）頁58。

[34] 同注28，卷10頁18a。

（1028-1090）曰："不敘諸侯，而凡言之者，會鹹
之諸侯，於是復合而城之。前目後凡，《春秋》之
簡辭也。"[35]孫氏所謂"會鹹之諸侯"，蓋指僖公十
三年《經》之"公會齊侯、宋公、陳侯、衞侯、鄭
伯、許男、曹伯於鹹。"[36]凡此筆者於〈讀杜預《春
秋經傳集解序》五情說小識〉一文[37]已言之矣。惟君
子"《春秋》之稱，微而顯，志而晦，婉而成章，
盡而不汙，懲惡而勸善，非聖人誰能脩之"等語，
既見於《左傳》；五情之說，亦爲杜預《左傳》家
一家之言，故《左傳》所釋《春秋》書法，未必即
書《經》之意一點，暫可不必深究。錢先生《管錐
篇》謂"微而顯"等五者乃古人作史時心嚮神往之
楷模，又謂《春秋》實不足語於此，似未得君子本
意，亦未得杜預《春秋序》之本意。若衡之以史
學，則僖公十九年《春秋經》"梁亡"一語，何止
爲"斷爛朝報"[38]，實有誤導讀者之弊。杜預《春秋
序》所以稱之者，乃因其"文見於此，而起義在

35　《春秋經解》（《叢書集成初編》本）頁217。

36　《春秋左傳注疏》卷13頁20a（總頁223）。

37　該文載於《燕京學報》新二期。

38　錢氏《管錐篇》頁161即引此語議《春秋》載事不如《左傳》

彼”，能“發大義”，“指行事以正褒貶”[39]；《春
秋序》總結“微而顯”等五情曰：“推此五體，以
尋《經》、《傳》，觸類而長之，附于二百四十二
年行事，王道之正、人倫之紀備矣。”[40]即本此意。
君子亦因此而盛推《春秋》曰：“非聖人誰能脩
之！”錢先生以純史學觀點評論《春秋》，似失
《左傳》與杜預《春秋序》之旨。

　　《管錐篇》又云：

　　　　就史書之撰作而言，“五例”之一、二、
　　　　三、四示載筆之體，而其五示載筆之用。[41]

錢先生以為“微而顯”、“志而晦”、“婉而成
章”、“盡而不汙”四者示載筆之體，“懲惡而勸
善”示載筆之用，其說與竹添光鴻（1842-1917）略
同。竹添氏說“懲惡而勸善”曰：

　　　　此總上四者言之。杜《序》以為五體，非

---

[39] 皆《春秋序》語，見注2。

[40] 《春秋左傳注疏》卷1頁18a（總頁14）。

[41] 《管錐篇》頁162。

矣。上四者此所以懲惡而勸善也。……《春
秋》外上四者，而別有勸懲之書法乎？[42]

堯案：竹添光鴻與錢先生之說，似尚可細析。竊以
為“微而顯”等五者可分三層看，“微而顯、志而
晦”，主要謂字面之效果；“婉而成章、盡而不
汙”，主要謂書寫之態度；“懲惡而勸善”，主要
謂其對社會之影響，三者不必互相排斥，如僖公二
十八年《經》：“天王狩于河陽”[43]，《傳》曰：
“是會也，晉侯召王，以諸侯見，且使王狩。仲尼
曰：‘以臣召君，不可以訓’，故書曰：‘天王狩
于河陽。’‘天王狩于河陽’，言非其地也，且明
德也。”[44]杜《注》：“晉侯大合諸侯，而欲尊事天
子以為名義，自嫌強大，不敢朝周。喻王出狩，因
得盡群臣之禮，皆譎而不正之事。”[45]又曰：“隱其
召君之闕，欲以明晉之功德。”[46]。孔《疏》曰：
“聖人作法，所以貽訓後世，以臣召君，不可以為

[42] 《左氏會箋》（臺北：古亭書屋，1969年12月）卷13頁23。

[43] 《春秋左傳注疏》卷16頁16b（總頁269）。

[44] 同上，頁30a-31a。

[45] 同上，頁30a。

[46] 同上，頁31a。

教訓，故改正舊史。舊史當依實而書，言'晉侯召王，且使王狩'。仲尼書曰：'天王狩于河陽'，言天王自來狩獵于河陽之地，使若獵失其地，故書之以護王。"[47]案此條可歸"志而晦"（此處"志而晦"用竹添光鴻說[48]），亦可歸"婉而成章"及"懲惡而勸善"。

　　錢先生《管錐篇》又云：

　　　　"微"之與"顯"，"志"之與"晦"，"婉"之與"成章"，均相反以相成，不同而能和。"汙"、杜註："曲也，謂直言其事，盡其事實，而不汙曲"；杜序又解爲"直書其事"。則齊此語於"盡而直"，頗嫌一意重申，駢枝疊架，與前三語不倫。且也，"直"不必"盡"(the truth but not the whole truth)，未有"盡"而不"直"者也。

---

[47] 同上，頁30b。

[48] 竹添光鴻釋"志而晦"曰："志者，微之反，具其辭也。晦者，顯之反，言義不可以辭而已矣，如'鄭伯克段於鄢'、'會于稷以成宋亂'、'晉趙盾弒其君夷皋'之類是也，'梁亡'、'城緣陵'，亦當是例。"見《左氏會箋》卷13頁22-23。

《孟子・公孫丑》章："汙不至阿其所好"，焦循《正義》："'汙'本作'洿'，蓋用爲'夸'字之假借，夸者大也"；《荀子・大略》篇稱《小雅》"不以於汙上"，亦即此"汙"字。言而求"盡"，每有過甚之弊，《莊子・人間世》所謂"溢言"。不隱不諱而如實得當，周詳而無加飾，斯所謂"盡而不汙"（the whole truth, and nothing but the truth）耳。[49]

堯案："微"與"顯"，"志"與"晦"，謂之相反尚可；"婉"與"成章"，則非相反。杜《注》釋"婉而成章"曰："婉，曲也。謂屈曲其辭，有所辟諱，以示大順，而成篇章。"[50]是"婉"謂如何"成章"也。既可言"婉而成章"，亦可言"直而成章"。"直"與"成章"，固非相反；"婉"與"成章"，亦非相反也。錢先生但注重同句中字義之關係，而忽略上下句之關係。"微而顯"與"志而晦"，句意相反；"婉而成章"與"盡而不汙"，句意亦相反。故杜預以"曲"訓"汙"，蓋

49　《管錐篇》頁162-163。

50　《春秋左傳注疏》卷27頁19b（總頁465）。

以"汙"爲"紆"之假借。言"盡而不汙"，主要
爲照顧句式，使之與"婉而成章"相若。"盡"與
"不汙"，意雖相關，但尙不至於"駢枝疊架"。
錢先生以"汙"爲"夸"之假借，謂"不隱不諱而
如實得當，周詳而無加飾，斯所謂'盡而不
汙'"。其所言固史家之懸鵠，惟《春秋》重於褒
貶，不重於如實。如桓公元年《經》曰："三月，
公會鄭伯於垂，鄭伯以璧假許田。"[51]鄭伯，蓋指鄭
莊公。《左傳》曰："三月，鄭伯以璧假許田，爲
周公祊故也。"[52]杜《注》："魯不宜聽鄭祀周公，
又不宜易取祊田，犯二不宜以動，故隱其實。不言
祊，稱璧假，言若進璧以假田，非久易也。"[53]孔
《疏》："周公非鄭之祖，魯不宜聽鄭祀周公。天
子賜魯以許田，義當傳之後世，不宜易取祊田。於
此一事，犯二不宜以動，故史官諱其實。不言以祊
易許，乃稱以璧假田，言若進璧於魯以權借許田，
非久易然，所以諱國惡也。不言以祊假而言以璧假
者，此璧實入於魯，但諸侯相交，有執圭璧致信命
之理，今言以璧假，似若進璧以致辭然，故璧猶可

---

[51] 《春秋左傳注疏》卷5頁1b（總頁88）。
[52] 同上，頁2a。
[53] 同上。

言，祊則不可言也。何則？祊、許俱地，以地易
地，易理已章，非復得爲隱諱故也。"[54]又《集解
序》孔《疏》曰："諸侯有大功者，於京師受邑，
爲將朝而宿焉，謂之朝宿之邑。方岳之下，亦受田
邑，爲從巡守備湯水以共沐浴焉，謂之湯沐之邑。
魯以周公之故，受朝宿之邑於京師，許田是也。鄭
以武公之故，受湯沐之邑於泰山，祊田是也。隱桓
之世，周德既衰，魯不朝周，王不巡守，二邑皆無
所用，因地勢之便，欲相與易。祊薄不足當許，鄭
人加璧以易許田。諸侯不得專易天子之田，文諱其
事。桓元年《經》書'鄭伯以璧假許田'，言若進
璧假田，非久易也。"[55]祊、許二地相易，而謂"以
璧假許田"，何如實之有!?又如隱公三年《經》：
"三月庚戌，天王崩。"[56]《左傳》曰："三月壬
戌，平王崩，赴以庚戌，故書之。"[57]杜《注》：
"實以壬戌崩，欲諸侯之速至，故遠日以赴。《春
秋》不書實崩日，而書遠日者，即傳其僞，以懲臣

---

[54] 同上，頁2a-2b。

[55] 《春秋左傳注疏》卷1頁17a-17b（總頁14）。

[56] 《春秋左傳注疏》卷3頁2a（總頁49）。

[57] 同上，頁4a。

子之過也。"[58]孔《疏》："仲尼脩經，當改正真
偽，以爲襃貶。周人赴不以實，孔子從僞而書者，
周人欲令諸侯速至，故遠其崩日以赴也。不書其
實，而從其僞，言人知其僞，則過足章矣。故即傳
其僞，以懲創臣子之過。"[59]案隱公三年三月庚戌爲
三月十二日，三月壬戌爲三月二十四日，赴日較實
崩日早十二日。爲懲臣子之過，天子駕崩日期，尙
且不如實記載。錢先生以一般史學觀點論之，似未
得《春秋》要旨。

---

[58] 同注56。

[59] 同上，頁2b。

論章炳麟《春秋左傳讀》
時或求諸過深

　　近世餘杭章炳麟（1869-1936）[1]，博撢群藝[2]，精研《左傳》[3]，所著《春秋左傳讀》，成書於光緒22年[4]，

[1] 近代學者或以 1868 爲章炳麟之生年，惟《章太炎先生家書》（北京：中華書局，1962 年 10 月第 1 版）敍言附注云："據《太炎先生自定年譜》，先生生於清同治七年（一八六八）十一月三十日，合陽曆爲一八六九年一月十二日。此書用公元紀年，故作一八六九年。"

[2] 楊向奎先生〈試論章太炎的經學和小學〉云："章炳麟……是我國近代學術思想史上的著名學者。他的學術生活非常廣泛，舉凡哲學、經學、小學以及歷史學等無不涉及。"見《繹經室學術文集》（濟南：齊魯書社，1989 年 7 月第 1 版）頁 26。

[3] 崔富章〈春秋左氏疑義答問・校點後記〉曰："春秋左氏學，太炎先生用力至多。十六七歲治經，二十三歲專治《左氏傳》，三十歲作《春秋左傳讀》、《駁箴膏肓評》、《砭後證》等五十餘萬言……中歲以還，悉刪不用，祇手定《敍錄》一卷、《劉子政左氏說》一卷……晚歲成《春秋左氏疑義答問》五卷，'爲三十年精力所聚之書'……。"見《章太炎全集》（六）（上海：上海人民出版社，1986 年 12 月第 1 版）頁 343。

[4] 《太炎先生自定年譜》（香港：龍門書店，1965 年 11 月）頁 4 云："光緒二十二年（一八九六）……作'左傳讀'。"湯志鈞《章太

時章氏二十九歲。今觀其書，洽觀強識，旁稽遠紹，惟時或鉤索過深，易生穿鑿。如。《春秋經》始於隱公，隱元年《經》曰：“夏，五月，鄭伯克段于鄢。”章氏竟謂：

> 烏乎！吾觀《春秋》首書此事于開端建始之時，而知《公羊》家爲漢制法之說非無據也。夫京之耦國，猶漢初之莫大諸侯也。段之爲母弟，猶漢初之淮南，屬王也。[5]

強藩耦國，無代無之，章氏竟謂“《春秋》開端書此，爲漢初垂戒也”，豈非穿鑿！

又如隱、莊、閔、僖四公元年《春秋經》“元年春王正月”下，皆無“公即位”三字，隱公元年《左傳》釋其故曰：“不書即位，攝也”，莊公元年《左傳》曰：“不稱即位，文姜出故也”，閔公元年《左傳》曰：“不

炎年譜長編》（北京：中華書局，1979 年 10 月第 1 版）上冊頁 27-28 亦云：“光緒二十二年丙申（1896 年）……正月初一日（2 月 13 日），致書譚獻，並附寄《左傳讀》。”

[5] 詳參《章太炎全集》（二）（上海：上海人民出版社，1982 年 7 月第 1 版）頁 66-68。

書即位，亂故也”，僖公元年《左傳》曰：“不稱即位，
公出故也”，是隱、閔元年《左傳》作“不書即位”，
莊、僖元年《左傳》作“不稱即位”，章氏曰：

> 劉子駿注：“恩深不忍，則《傳》言‘不稱’；
> 恩淺可忍，則《傳》言‘不書’。”賈侍中同。……
> 《賈子・道德說》云：“書者，箸德之理於竹
> 帛而陳之，令人觀焉。以著所從事，故曰：書
> 者，此之箸者也。”《孝經援神契》云：“書，
> 如也。”《說文序》云：“箸於竹帛謂之書。
> 書者，如也。”稱字，據《說文》，借爲稱。《釋
> 言》云：“偁，舉也。”《釋訓》云：“偁偁、
> 格格，舉也。”《說文》云：“偁，揚也。”
> “揚，飛舉也。”《晉語》）：“舉而從之。”
> 注：“舉，起也。”《齊策》）：“三十日而舉燕
> 國。”注：“舉，拔也。”《淮南・道應》：“舉
> 白而進之。”注：“進酒也。”是書者，實箸
> 此事，文與事相如也。偁者，飛舉此事，舉有
> 拔起之訓，則是文過于其事也。隱以子少攝位
> 無論矣，閔以子弑代立，言“恩淺可忍”云何？
> 曰：較之莊、僖，則閔子弑，而莊君戕也；閔
> 繼一弑，而僖繼二弑也。故隱、閔“恩淺可忍”，

莊、僖"恩深不忍"。可忍者,《春秋》許其即
位,但不如其事以著之;不忍者,并罪其即位。
雖立,未討賊,猶不立也。不立而言即位,是
謂文過其事,故不稱即位也。《傳》文義訓如此,
杜預妄以爲一,不知文有散言、析言之異。散
言則倆亦書也,故《墨子‧經》云:"舉,擬
實也。"襄二十七年《傳》云:"仲尼使舉,
是禮也。"此皆與"書者,如也"同。至析言
則異矣。[6]

案:魯隱公之父惠公、元妃孟子[7]。孟子卒,繼室以聲
子,生隱公。惠公又娶仲子於宋,生桓公。仲子生而有
文在其手,曰爲魯夫人,惠公愛之,有以仲子爲夫人之
意。故惠公薨,隱公追成父志,以位讓桓;但桓年少,
隱且攝君位,待其年長,故于歲首不即君位。[8]此章氏
所謂"隱以子少攝位"也。"閔以子弒代立"者,子謂
子般,莊公子。莊公薨,子般即位。莊公之長弟慶父使

[6] 同上,頁 71-72。

[7] 楊伯峻《春秋左傳注》(北京:中華書局,1981 年 3 月第 1 版)頁 2
釋"孟子"曰:"孟是排行,即老大……子則母家姓。宋國姓子,
則孟子乃宋國女。"

[8] 參隱公元年《左傳》及注、疏。

圉人犖弒子般，其三弟季友奔陳，立莊公庶子閔公爲君，國亂，不得行即位之禮，故《春秋》不書即位。[9]至於章氏謂“莊君戕”者，蓋指魯莊公之父桓公遇害於齊也。初，魯桓公會齊襄公於濼，後相隨至齊，桓公夫人淫於襄公，桓公謫之，夫人告襄公。襄公遂設宴享桓公，宴畢，使公子彭生助桓公登車，搚其軀幹而殺之。及魯莊公立，以父弒母出，遂不忍行即位之禮，故《左傳》曰：“不稱即位，文姜出故也。”[10]章氏謂“閔繼一弒，僖繼二弒”者，指慶父弒子般而閔公繼位，慶父再弒閔公而僖公繼位也。慶父既弒閔公，季友以僖公適邾，故僖元年《左傳》曰：“不稱即位，公出故也。”[11]章氏曰：“隱、閔‘恩淺可忍’，莊、僖‘恩深不忍’。可忍者，《春秋》許其即位，但不如其事以著之；不忍者，并罪其即位。雖立，未討賊，猶不立也。不立而言即位，是謂文過其事，故不稱即位也。”考子般遭弒而閔公立，慶父猶在，未嘗討賊也；及閔公遭弒，慶父奔莒，季友立僖公，以賂求慶父於莒，莒人歸慶父於魯，及密，未獲赦，慶父乃自縊，是終討賊也。章氏反謂僖“恩深不忍”，又謂“雖立，未討賊，猶不立也”，所

---

[9] 參楊伯峻《春秋左傳注》頁254、256。

[10] 參桓公十八年及莊公元年《左傳》及注、疏。

[11] 參閔公二年及僖公元年《左傳》及注、疏。

言適與事實相反，至可異也！"稱"本訓"銓"，借為
"偁"，遂有"偁揚"之意，又引申為"述說"、"記
載"。不稱即位者，猶不載即位，與不書即位固無異也，
孔疏引《左傳》內證，辨之甚詳，其言曰：

> 《傳》於隱、閔云"不書即位"，於莊、僖云
> "不稱即位"者，《釋例》曰："丘明於四公發
> 傳，以'不書'、'不稱'起文，其義一也。"
> 劉、賈、穎為《傳》文生例云："恩深不忍，
> 則《傳》言'不稱'；恩淺可忍，則傳言'不
> 書'。"博據《傳》辭，殊多不通。案：殺欒
> 盈則云"不言大夫"，殺良霄則云"不稱大
> 夫"，君氏卒則云"不曰薨"、"不言葬"、
> "不書姓"，鄭伯克段則云"稱鄭伯"，此皆
> 同意而別文之驗也。《傳》本意在解《經》，非
> 曲文以生例，是言"不書"、"不稱"義同之
> 意也。[12]

章氏求諸過深，反生穿鑿。

又如鄭莊公之母武姜愛少子段，為之請京，莊公

順武姜之請，使段居京，謂之京城大叔。其後大叔段命
西鄙、北鄙貳於已，繼而收貳以爲己邑，終襲鄭。莊公
遣兵伐之，京叛大叔段，段入於焉，公伐諸鄢，大叔出
奔共。[13]舊史當云：“鄭伯之弟段出奔共。”今隱元年。
《春秋》曰：“鄭伯克段于鄢。”《左傳》釋之曰：“不
言出奔，難之也。”杜預注曰：“段實出奔，而以克爲
文，明鄭伯志在於殺，難言其奔。”章氏《春秋左傳讀》
曰：

> 鄭伯此時雖有殺志，然段實出奔，亦何難言之
> 有？今考《詩·竹竿)：“佩玉之儺。”傳：“儺，
> 行有節度。”陳氏奐曰：“《執競》：‘威儀反
> 反。’傳：‘反反，難也。’”難即儺。然則
> 此難謂行有節度也。蓋奔者倉皇逃死，疾行也，
> 難者從容有節，徐行也。兩者正相反對。（章氏
> 原注：“《庭燎》：‘噦噦，徐行有節。’是行
> 有節度者必徐。”）聖人以鄭伯當緩追逸賊，
> 使段得徐行去國，不至急遽逃死，而鄭伯不然，
> 段果出奔，而非徐行矣。故不書出奔，以使段
> 得徐行，此以權在《春秋》，不在鄭伯，所以教

---

[13] 參隱元年《左傳》。

萬世爲人君兄者，而非爲當時之事實志也。[14]

案：《左傳》釋《春秋》"鄭伯克段於鄢"之全文爲：
"段不弟，故不言弟；如二君，故曰克；稱鄭伯，譏失
教也：謂之鄭志。不言出奔，難之也"，皆就鄭莊公及
叔段立說。孔疏曰："鄭伯志在於殺，心欲其克，難言
其奔。故仲尼書'克'不書'奔'，如鄭伯之志爲文，
所以惡鄭伯也。"[15]其言是也。服虔曰："公本欲養成
其惡而加誅，使不得生出，此鄭伯之志意也。"[16]亦謂
鄭莊公志在必殺，難言其奔。章氏謂"難"爲"儺"之
假借，"難之也"，即"儺之也"，謂孔子以爲鄭莊公
當緩追叔段，使段得從容有節徐行去國，其說未免迂曲
無據。

又如宣十二年《左傳》載隨武子論楚軍曰："軍行，
右轅，左追蓐，前茅慮無，中權，後勁。百官象物而動，
軍政不戒而備，能用典矣。"杜注釋"右轅，左追蓐"
曰："在車之右者，挾轅爲戰備。在左者，追求草蓐爲

[14] 見《章太炎全集》（二）頁85。

[15] 見（十三經注疏）本《春秋左傳注疏》（臺北藝文印書館景印清嘉慶
　　20年南昌府學重刊本）卷2頁19b，總頁37。

[16] 同上。

宿備。"[17]又釋"前茅慮無"曰："慮無,如今軍行,
前有斥候蹹伏,皆持以絳及白爲幡,見騎賊,舉絳幡;
見步賊,舉白幡。備慮有無也。茅,明也。或曰:時楚
以茅爲旌識。"[18]釋"中權,後勁"則曰："中軍制謀,
後以精兵爲殿。"又釋"百官象物而動,軍政不戒而備"

---

[17] 楊伯峻《春秋左傳注》釋"右轅"曰："此有兩義。杜注孔疏謂左
右爲步卒在兵車之左右者。蓋兵車一乘有兵卒七十二人,戰時當分
左右,各三十六人。而在右之三十六人,則挾轅而行(楚陣以轅爲
主,挾轅實即挾車),左右又各十八人,以備不虞;在左之三十六人
則令追求草蓐以爲歇宿之準備,此一義也。兵車步卒七十二人,戰
國時法。據春秋時法,一車十人而已。竹添光鴻《會箋》本傳遜之
說而引申之云:"左右與下'前茅''中權''後勁'對言,則亦
謂左右軍,非車左右。蓋楚分其軍爲五部,而各有所任也。轅謂將
車之轅,右轅,言右軍從將軍之轅所向而進退,下文云'令尹南轅
反旆',又云'改乘轅而北之'是也。"後說較合理。(頁723)
[18] 楊伯峻《春秋左傳注》釋"前茅慮無"曰："茅,疑即《公羊傳》
'鄭伯肉袒,左執茅旌'之茅旌,《禮記·雜記下》云'御柩以茅',
亦謂以茅旌爲前導也。楚軍之前茅或以茅旌爲標幟,故云'前茅'。
茅旌者,或云以茅爲之。王引之《公羊述聞》云:'茅爲草名,旌
則旗章之屬,二者絕不相涉,何得稱茅以旌乎?茅當讀爲旄。蓋旌
之飾,或以羽,或以旄。旄,牛尾。其用旄者,則謂之旄旌矣。'
王說是也。古之軍制,前軍探道,以旌爲標幟告後軍,《禮記·曲禮
上》所謂'前有水,則載青旌;前有塵埃:則載鳴鳶;前有車騎,
則載飛鴻;前有士師,則載虎皮;前有摯車,則載貔狼',鄭注云
'載謂舉於旌首以警衆'者是也。"(頁723)

曰：“物，猶類也。戒，勑令。”孔疏曰：“類，謂旌
旗畫物類也。百官尊卑不同，所建各有其物，象其所建
之物而行動。軍之政教，不待約勑號令而自備辨也。《周
禮・大司馬》：‘中秋，教治兵。辨旗物之用，王載大
常，諸侯載旂，軍吏載旗，師都載旃，鄉遂載物，郊野
載旐，百官載旟。’……是其尊卑所建，各有物類也。”
章氏《春秋左傳讀》曰：

>　　“挾輈爲戰備”與“追求草蓐爲宿備”，意猶
>相近，至絳白爲幡，則與輈、追蓐詞義不類。
>中軍制謀，後以精兵爲殿，與上三者益復虛實
>不倫。且輈釋爲挾輈，則于輈上增挾字；追蓐
>釋爲追求草蓐，則于追下蓐上增求字，殊非《傳》
>文本意。竊謂《傳》末輈、追蓐、茅慮無、權、
>勁，皆旌旗之表識，故下總承以“百官象物而
>動”。特所謂百官，統指在軍有職者，與大司
>馬百官異。而所象之物，雖與《周禮》不異，
>其用之亦異。按：《上曲禮》曰：“行，前朱雀，
>而後玄武……左青龍，而右白虎，招搖在上，
>急繕其怒。”彼注云：“以此四獸爲軍陳，象
>天也。急，猶堅也。繕讀曰勁。又畫招搖星於
>旌旗上，以起居堅勁軍之威怒，象天帝也。招

搖星在北斗杓端，主指者。" 彼《正義》云：
"鄭注四獸爲軍陳，則是軍陳之法也，但不知
何以爲之耳。今之軍行，畫此四獸於旌旗，以
標左右前後之軍陳。" ……據此，是朱雀、玄
武、青龍、白虎，皆畫旌旗上，以表行軍之陳。
此言軍行，則右轅等即彼朱雀等也。……[19]

　　章氏以爲右轅即右白虎，左追蓐即左青龍，前茅
慮即前朱雀，後勁即後玄武，中權則謂中央用黃色。章
氏釋右轅曰：

右轅者，轅借爲萑。《說文》："萑，從萑霍聲。"
萑下云："讀若和。"《大司馬》："以旌爲左
右和之門。" 注："軍門曰和。"《穀梁》昭
八年："置旃以爲轅門。" 是知和門即借爲轅
門。故知轅、和、萑、萑音通也。《詩·豳風》
傳云："荼，萑苕也。"《夏小正》"灌荼"
傳云："萑即萑葦之秀。"《地官·掌荼》："掌
以時聚荼。"《考工記》："鮑人之事，欲其荼
白也。"《既夕禮）："菌箸用荼。"《詩·鄭

風》："有女如荼。"《吳語》："望之如荼。"
諸注皆以荼爲茅秀。蓋茅秀、萑葦秀，其色皆
白，故並得荼稱。右萑，即右白虎也。[20]

案：轘、萑二字古音並匣紐元部，固可通假。惟萑色
青蒼而非白，白色者萑之花穗耳。李時珍《本草綱目‧
草四‧蘆》："蘆有數種：其長丈許中空皮薄色白者，
葭也，蘆也，葦也。短小於葦而中空皮厚色青蒼者，菼
也，薍也，荻也，萑也。……"[21]案萑字古籍多作萑，
是萑之色青蒼而非白矣。觀夫章氏所舉例証，《詩‧豳
風‧鴟鴞》："予所捋荼。"毛傳："荼，萑苕也。"
孔疏："《七月》傳云：'薍爲萑。'"此爲萑苕，謂
薍之秀穗也。《出其東門》箋云：'荼，茅秀。'然則
茅、薍之秀，其物相類，故皆名荼也。"陳奐《詩毛氏
傳疏》："荼，萑苕。萑，當作萑。《爾雅》：'蕍、荂、
荼、猋、藘'，芀。"郭注：'皆芀荼之別名。' '葦
醜，芀'注：'其類皆有芀秀。'《說文》：'芀，葦
華也。'《韓詩傳》作'葦薍'，皆芀之假借。《方言》：
'錐謂之鐥。'鐥與苕同，蓋以鐥狀錐，則知荼之脫穎

---

[20] 同上，頁 392。

[21] 李時珍《本草綱目》（北京：人民衛生出版社影印本，1957 年 4 月）
    頁 883。

秀出者，如錐然矣。凡茅一莖，秀只一條，旋即作華。……"[22]是荼為萑之秀穗矣。《大戴禮記・夏小正》亦云："荼，萑葦之秀。"[23]又《周禮・地官・掌荼》："掌以時聚荼。"注："荼，茅莠。"《釋文》："莠，音秀，劉音酉。"[24]《冬官・考工記》："鮑人之事，望而眡之，欲其荼白也。"注："韋革遠視之，當如茅莠之色。"《釋文》："莠，音酉，又音秀。"[25]《儀禮・既夕禮》："茵著用荼。"注："荼，茅秀也。"[26]《詩・鄭風・出其東門》："有女如荼。"箋："荼，茅秀。"[27]《國語・吳語》："望之如荼。"注："荼，茅秀也。"[28]即章氏所言，其色白而稱荼者，乃茅秀及萑葦秀耳。如何觀轅字而知其借為萑，而知其所指者非色青蒼之

[22] 陳奐《詩毛氏傳疏》（臺北：學生書局，1970年9月影印鴻章書局本）頁375-376。

[23] 參王聘珍《大戴禮記解詁》（北京：中華書局，1983年3月）頁42。

[24] 參《十三經注疏》本《周禮注疏》（臺北藝文印書館景印清嘉慶20年南昌府學重刊本）卷16頁16b，總頁250。

[25] 同上，卷40頁21a，總頁621。

[26] 參《十三經注疏》本《儀禮注疏》（臺北藝文印書館景印清嘉慶20年南昌府學重刊本）卷41頁12b，總頁485。

[27] 參《十三經注疏》本《毛詩注疏》（臺北藝文印書館景印清嘉慶20年南昌府學重刊本）卷4之4頁10a，總頁181。

[28] 參《國語》（上海古籍出版社，1978年3月）頁608-609。

萑而爲白色之萑秀，而知其所喻者爲右白虎耶？若真
如章說，則《左傳》之遣詞用字，何其迂曲隱晦也！

　　又章氏釋左追蓐云：

　　　左追蓐者，追畫也。《詩·大雅》："追琢其章。"
　　　傳："追，雕也。"追與敦，彇聲義又通。《詩·
　　　大雅》："敦弓既堅。"《說文》作"彇"，云：
　　　"畫弓也。"《公羊》註云："天子彫即雕。
　　　弓。"雕弓，即彇弓。然則敦、彇並有雕義，兼
　　　有畫義，故《廣雅·釋詁》云："彫，畫也。"
　　　然則追有雕義，亦得有畫義矣。《釋草》："菉，
　　　王芻。"《詩》正義引某氏曰："菉，鹿蓐也。"
　　　《證類本草》引孫炎曰："即蓐草也。"郭注
　　　亦同。然則蓐者，菉也。《詩·衛風》："綠竹
　　　猗猗。"《小雅》："終朝采綠。"《上林賦》：
　　　"掩以綠蕙。"綠并同菉。所以命爲菉者，正
　　　以其色之綠也。故《小雅》"終朝采綠"與"終
　　　朝采藍"並言，以藍可染青，綠可染綠，並是
　　　染草也。《御覽》引吳普《本草》："藎草，一
　　　名黃草，以其可染黃也。"《說文》："菉，王
　　　芻，叉云藎草也。"蓋綠本青黃間色，可言青，

亦可言黃，二者通稱也。此追蓐則以青言。綠
可言青，青亦可言綠，故《廣雅・釋器》云：
"綠、青也。"追蓐言畫綠，左追蓐即左青龍
也。獨于左言畫者，《釋天》說旐之制云："素
升龍於縿。"是龍旐本畫素色。今畫龍乃以青，
故必言追蓐也。

章氏以追爲彫之假借，義爲畫；又以爲蓐即菉，菉之色
綠，綠爲青黃間色，此處用以言青，追蓐猶言畫綠，故
左追蓐即左青龍。案：追字古音端紐微部，彫字古音端
紐幽部，二字得雙聲假借，《詩・大雅・棫樸》："追琢
其章。"毛傳："追，彫也。"[29]即其例。蓐即菉，《爾
雅・釋草》："菉，王芻。"注"菉，蓐也。"[30]可證。
惟青色之物甚多，何以用青黃間綠色之蓐以表青色？即
如章氏所言，追蓐言畫綠，又何以知其所表者爲青龍？
是章氏所說，遠不如杜注之逕直可信。

又章氏釋前茅慮無云：

[29] 參《毛詩注疏》卷16之3頁5a，總頁558。

[30] 參《十三經注疏》本《爾雅注疏》（臺北藝文印書館景印清嘉慶 20
　　年南昌府學重刊本）卷8頁2a，總頁134。

前茅慮無者，茅慮即《釋草》之"茹藘、茅蒐。"
呼茅藘者，王夫之《周易禆疏》曰："拔茅茹，
茅蒐、茹藘也。"此同其例。無即藘餘聲。（章
氏原注："《淮南》、《周髀》皆有無慮，注云：
'大數名也。' '粗計也。'《荀子·議兵》：
'焉慮率用慶賞、刑罰、執詐而已矣。'注：
'慮，大凡也。'《漢書·賈誼傳》：'慮亡不
帝制，而天子自爲者。'注：'慮，大計也。'
是慮與無慮爲一語，特聲音長短之異。故知慮
之餘聲爲無也。"

釋茅慮爲茅蒐、茹藘，章氏實無確證。以無爲藘餘聲，
章氏亦無確証，其所舉者，僅得無慮，而靡慮無也。故
其釋前茅慮無爲前朱雀，實嫌牽強。

又章氏釋中權云：

中權者，即《釋草》之"權，黃華"，《釋木》
之"權，黃英"。郭注《釋草》："今謂牛芸草
爲黃華，華黃，葉似荶宿。"《說文》云："芸，
似目宿。"則牛芸，特芸之大者，別名爲權。
故《詩·小雅》："裳裳者華，芸其黃矣。"傳

云："芸黃，盛也。"以芸狀華色之黃，則知
芸、權皆黃色也。《曲禮》不見中央之色，以前
後左右各用方色準之……中央當用黃，故曰中
權也。

章氏以權即黃華，謂《左傳》以權表黃色，中權者，謂
中央用黃色也。章氏釋右轅、左追蓐、前茅慮無，皆甚
牽強；其釋中權，亦較杜注迂曲。

又章氏釋後勁云：

後勁者，即《釋草》之"蓻，鼠尾。"《御覽》
引孫炎云："蓻，巨盈切，可染早。（章氏原注：
'俗作皂。'）"郭注同。《說文》無蓻，古字
祇當作勁。勁以染早色，早即七入之緇，與大
入之玄異，而亦得通稱。《釋草》云："秬，黑
黍。"《素問・五常政大論》："其穀齡秬。"
而《六元正紀論》則云："其穀齡玄。"是黑
與玄可通稱也，黑即緇也。叔然、巨盈之切，
正與秬雙聲，是蓻、秬聲義皆同矣。又《說文》：
"袀，玄服也。（章氏原注：'今本　作袗，段
茂堂據《文選・閒居賦》訂正，今從之。'）"

　　服注"袀服振振"云："袀服，黑服也。"是
亦玄、黑通稱也。後勁即玄武也。

案：《群譚採餘》曰："朱晦庵云：'玄武，即烏龜之
異名。龜，水族也，水屬北，其色黑，故曰玄龜；有甲
能捍禦，故曰武。其實只即烏龜一物耳，北方七宿如龜
形，其下有騰蛇星，蛇，水屬也，借此以喻身中水火相
交，遂繪爲龜蛇蟠虯之狀，世俗不知其故，乃以玄武爲
龜蛇二物。'"[31]徐光啓《農政全書》曰："鼠菊，《本
草》名鼠尾草，一名蔏……苗高一二尺。葉似菊花葉，
微小而肥厚，又似野艾蒿葉而脆，色淡綠。莖端作四五
穗，穗似車前子穗而極疎細，開五瓣淡粉紫色花，又有
赤、白二色花者。……《爾雅》謂： '蔏，鼠尾，可以
染皂。'"[32]是蔏之葉色淡綠，花淡粉紫色，或作赤、
白二色。章氏以勁爲蔏之假借，蔏爲染黑之草，《左傳》
遂以蔏表玄武，其說亦可謂迂曲矣。

　　昔日章氏《春秋左傳讀》書成，呈其本師俞樾，

---

[31] 見《中文大辭典》（臺北：華岡出版社有限公司，1976 年 12 月 3 版）
　　總頁 9115。
[32] 《萬有文庫》本《農政全書》（上海：商務印書館，1930 年 10 月）
　　第 8 冊頁 96。

俞氏搖首曰："雖新奇，未免穿鑿，後必悔之。"[33]其所謂穿鑿者，殆章氏求諸過深者也。及章氏年四十，於《國粹學報》發表〈與人論國粹學書〉，其第二書云："左氏故言，近欲次錄，昔時爲此，亦幾得五六歲，今仍有不愜意者，要當精心汰淅，始可以質君子，行篋中亦有札記數冊，往者少年氣盛，立說好異前人，由今觀之，多穿鑿失本意，大氐十得其五耳。"[34]其自定年譜於《左傳讀》亦云："……書成，然尙多凌雜，中歲以還，悉刪不用，獨以‘敘錄’一卷、‘劉子政左氏說’一卷行世。"[35]今觀其書，雖多凌雜，然闡微窮蹟，廓拘啓窒之處，亦自不少，[36]悉刪不用，未免可惜。惟用此書者，於其求諸過深、穿鑿附會之處，亦不可不慎焉。

後記：沈玉成先生《春秋左傳學史稿》，於章氏之"左傳學"，僅論及《春秋左傳讀‧敘錄》與《春秋左氏疑義答問》，於《春秋左傳讀》則無一語及焉。惟《春秋左傳讀》一書，於《左傳》之古字古詞、典章名物、微言大義，靡不

---

[33] 參湯志鈞《章太炎年譜長編》上順 28-29。

[34] 見《國粹學報》第 37 期社說頁 2b。

[35] 《太炎先生自定年譜》頁 5。

[36] 如上文所引宣十二年《左傳》："百官象物而動"，章氏謂"百官統指在軍有職者"，楊伯峻《春秋左傳注》即云："按之上下文俱言軍事，有理。"（頁 724）

殫心竭慮，索隱鉤沈[37]，雖或鑿空駕遠，紊實隳真，然破聚
訟未決之疑，發千古不傳之祕者，自亦不尟，研治“春秋
左傳學史”者，自當揚其清芬，辨其舛謬，評定其功過得
失。以專文討論《春秋左傳讀》者，其或始自本篇耶？

---

[37] 〈春秋左傳讀・校點說明〉亦云：“《春秋左傳讀》，撰於一八九一
　　——一八九六年。作者承襲乾、嘉漢學傳統，熟練地運用前人文字
　　音韻學成果，廣泛地對《左傳》和周、秦、兩漢典籍進行比較研究，
　　在考訂詮釋《春秋左氏傳》古字古詞、典章名物、微言大義方面，
　　提出了不少精到的見解。”見《章太炎全集》（二）頁1。

訓詁與翻譯——理雅各英譯
《左傳》管窺

一

理雅各（James Legge，1815-1897）是第一個把整部《左傳》英譯的人[1]，功在椎輪，於翻譯史上，誠為不朽之盛事。理雅各翻譯態度嚴謹，Lauren F. Pfister 說：

> In the prefaces to a number of the volumes of his two major translations projects, *The Chinese Classics* and *The Sacred Books of China*, Legge informally referred to his particular way of preparing translations. Having chosen a specific Chinese text and collected some translations already available

---

[1] James Legge, *The Chinese Classics* (Hong Kong University Press, 1960), Vol. V, p. vi, "Preface";Burton Watson, *The Tso chuan* (Columbia University Press, 1989), p.xxxvii, "Introduction".

from Western sources, Legge would strictly
rely on Chinese dictionaries and commentaries
to render his translation.   Only after having
done this independent work would he refer to
the Western sources at his disposal.   ······The
first complete translation of a text being
finished, he would file it away.   Returning to
the Chinese text a few years later, Legge would
do another independent translation without
reference to his earlier draft.   Only after
completing the whole work would he compare
it with his earlier effort, checking to see what
had changed, in what ways he had matured, and
identifying any further patterns which
suggested better ways to handle general
problems of ancient grammar idioms.   For any
one text, depending on the length, Legge may
have done as many as three or four independent
versions before preparing the manuscript for
publication.[2]

---

[2] Chan Sin-wai & David Pollard (ed.), *An Encyclopaedia of
Translation* (Hong Kong: The Chinese University Press, 1995),

　　Lauren F. Pfister 說理雅各每成一譯稿，先擱置一旁，數年後，不看前稿，重新再譯，如此者每稿或多達三四譯，待全書譯畢，始將先後譯稿互相比對，反覆推研。筆者頗懷疑理雅各是否所有翻譯均如此處理，就以《左傳》爲例，不少訓詁問題頭緒紛繁，例如宣公二年《左傳》敘述宋、鄭二國交戰前，宋國的華元殺羊犒賞士卒，他的御者羊斟沒有份兒。到了打仗的時候，羊斟說：“日前的羊，是你作主；今天的事，是我作主。”驅車跟華元一起進入鄭師，所以戰敗。後來宋國人以兵車一百輛、毛色有文彩的馬四百匹送往鄭國贖取華元。才送去一半，華元就逃歸鄭國了。他站在城門外，告訴守門人，然後入城。接著《左傳》說：“見叔將，曰：‘子之馬然也。/？[3]”對曰：‘非馬也，其人也。’既合而來奔。”杜預（222-284）《注》說：

　　　叔牂，羊斟也。卑賤得先歸，華元見而慰之。
　　　叔牂知前言以顯，故不敢讓罪。叔牂言畢，

[3] 根據杜預《注》，“子之馬然也”之後當加句號；根據楊樹達說，則“子之馬然也”之後當加問號。詳見下文。

　　遂奔魯。合，猶答也。[4]

孔穎達（574-648）的《疏》，進一步闡明杜《注》，
孔氏說：

　　叔牂卑賤，故得先歸。華元見而安慰之曰：
　　"往奔入鄭軍者，子之馬自然，非子之罪。"
　　叔牂自知前言已顯，不敢隱諱，乃對元曰：
　　"非馬也，其人也。"言是己[5]爲之。叔牂既
　　答華元，而即來奔魯耳。[6]

此外，孔《疏》又指出，漢儒之說，跟杜《注》頗
不相同。孔《疏》說：

　　服虔載三說，皆以"子之馬然"爲叔牂之
　　語，"對曰"以下爲華元之辭。賈逵曰："叔
　　牂，宋守門大夫。華元既見叔牂，牂謂華元

---

[4] 見《十三經注疏》第 6 冊《左傳》頁 363 上，臺北藝文印書館
景印清嘉慶 20 年〔1815〕重刊《十三經注疏附校勘記》，1973
年版。

[5] 原文作"巳"，當爲"己"之誤。

[6] 同注 4。

曰：‘子見獲於鄭者，是由子之馬使然也。’
華元對曰：‘非馬自奔也，其人爲之也。’
謂羊斟驅入鄭也。奔，走也，言宋人贖我之
事既和合，而我即來奔耳。”鄭衆云："叔
牂，即羊斟也。在先得歸，華元見叔牂，牂
即誣之曰：‘奔入鄭軍者，子之馬然也，非
我也。’華元對曰：‘非馬也，其人也。’
言是女（汝）驅之耳。叔牂既與華元合語，
而即來奔魯。"又一說："叔牂，宋人。見
宋以馬贖華元，謂元以贖得歸，謂元曰：‘子
之得來，當以馬贖故然。’華元曰：‘非馬
也，其人也。’言已[7]不由馬贖，自以人事來
耳。贖事既合，而我即來奔。"[8]

孔《疏》贊同杜說，理由如下：

杜以《傳》文“見叔牂”而即言“曰”，則
“曰”以下皆當爲華元之語，不得爲叔牂之
辭。且以華元與賤人交語，而稱“對曰”，
謂歸國而“來奔”，皆於文不順。又羊斟與

---

[7] 同注 5。
[8] 同注 4，頁 363。

　　叔牂，當是名字相配，故不從三家，而別爲
　　之說，采鄭氏來奔爲奔魯耳。[9]

　　不過，洪亮吉（1746-1809）卻不贊同杜說，
他認爲叔牂跟羊斟不是同一人，洪氏《春秋左傳詁》
說：

　　案：以叔牂爲羊斟，始于鄭衆，而杜用之，
　　又無別據。第云：羊斟與叔牂，當是名字相
　　配。今攷羊當是氏，無緣作字與氏相配。又
　　羊斟既明言："今日之事，我爲政"，則不
　　得更以"子之馬然"面誣華元。鄭衆之說非
　　也。斟前既有言，則元亦不必反爲飾辭，杜
　　說亦非[10]。

洪氏甚至認爲羊斟不是人名，他說：

　　案：《淮南‧繆稱訓》："羊羹不斟，而宋國
　　危。"是斟又訓"斟酌"之"斟"。"其御

[9] 同注 4，頁 363 下。
[10] 見《皇清經解續編》（臺北：復興書局，1972）卷 259 頁 3a-b，
　　總頁 2957。

羊斟不與"，謂御不與食羊羹也。高誘《注》
亦不以羊斟爲人姓名，得之。[11]

劉文淇（1789-1854）卻不同意羊斟非人名之說，
他說：

案：洪說誤矣。《左傳》明言："羊斟非人"，
又言："羊斟之謂"，則固以羊斟爲人姓名
矣。[12]

洪亮吉認爲賈逵（30-101）"以叔牂爲宋守門大夫，
其義最確"[13]。可是，楊伯峻（1909-1992）卻認爲：

孔《疏》引賈逵說，云："叔牂，宋守門大
夫"，則以叔牂與羊斟爲兩人，按之上下文
義，不可通。[14]

---

[11] 同上。

[12] 《春秋左氏傳舊疏證》（香港：太平書局，1966）頁 618。

[13] 同注 10。

[14] 見《春秋左傳注》（北京：中華書局，1990 年 5 月第 2 版）頁
653。

平情而論，杜《注》之說，較漢儒爲合理。不過，
楊伯峻亦指出杜《注》有未盡善之處，他說：

> 杜《注》謂叔牂因卑賤得先歸，亦無據。阮
> 芝生《拾遺》云：“疑其陷元于敵，即脫身
> 而逃，不與元同獲”，較近情理。[15]

此外，“子之馬然也”，杜《注》以爲是華元見羊
斟而慰之之語，楊樹達（1885-1956）則認爲“杜說
殊謬”。楊氏說：

> 華元不知羊斟之賣己而慰之，則爲愚；知之
> 而慰之，則爲僞：皆非事理也。愚謂“也”
> 讀與“邪”同，古人問詞恒用也。《論語》
> 云：“子張問：‘十世可知也？’”又云：
> “井有仁焉，其從之也？”皆其例也。蓋華
> 元知羊斟之賣己，故婉其詞以詰之，謂子之
> 馳入鄭師者，子之馬則然邪？羊斟知華元之
> 慍己，故既答而出奔也。合觀上下文，情事
> 如繪；若如杜釋，則情事全乖矣。[16]

---

[15] 同上。
[16] 見《積微居讀書記》（北京：中華書局，1962）頁 40-41。

根據杜說，則"子之馬然也"之後當加句號；根據
楊說，則"子之馬然也"之後當加問號。理雅各其
生也早，當然沒有機會見到楊樹達和楊伯峻對杜
《注》的補充；不過，自漢迄淸的各種說法，已足
以令人目眩心疲，而且《左傳》中像這樣複雜的訓
詁問題相當多，怎可能全都作二至四次的獨立翻譯
哩！

二

　　高本漢（Bernhard Karlgren, 1889-1978）《左傳
注釋》（Glosses on the Tso Chuan）說：

The Tso chuan has been translated twice into
western languages: by James Legge and
Seraphin Couvreur. Both have in almost
every detail followed the interpretations given
by Tu Yu.[17]

　　高本漢說理雅各翻譯《左傳》，幾乎完全遵照

---

[17] Bernhard Karlgren, "Glosses on the Tso Chuan", *Bulletin of the Museum of Far Eastern Antiquities,* Vol. 41 (1969), p.1.

杜《注》，並不符合事實。例如隱公元年《左傳》
敘述鄭莊公之弟叔段封於京後不久，便命令鄭國西
部和北部邊鄙之地，除了繳交賦稅給鄭莊公外，也
要繳交給他，其後更收取這些兩屬之地作為自己的
封邑，並擴展至廩延。鄭國大夫子封對鄭莊公說：
"可矣。厚，將得眾。"意思是"可以下手對付叔
段了，叔段的勢力日漸雄厚，將會得到百姓的擁
護"。莊公回答說："不義，不暱。厚將崩。"杜
《注》解釋莊公的話說："不義於君，不親於兄，
非眾所附，雖厚必崩。"[18]根據杜預的解釋，"不
暱"的主語是叔段。沈欽韓（1775-1831）《春秋左
氏傳補注》說："此言所為不義，則人無肯親附，
與下京叛叔段相應。杜《注》非是。"[19]根據沈欽
韓的解釋，"不暱"的主語是子封所說"將得眾"
的"眾"，沈氏認為莊公的意思是"叔段不義，眾
不暱"。理雅各把"不義，不暱"譯為："They will
not cleave to him, so unrighteous as he is."[20]和沈欽
韓的解釋大致相同，而不同於杜《注》。

---

[18] 同注 4，頁 36 下。

[19] 同注 10，卷 585 頁 2b，總頁 66570。

[20] James Legge, *The Chinese Classics*, Vol. V, p.6.

又如僖公十三年《左傳》記載："晉荐饑。"杜《注》說："麥、禾皆不熟。"[21]理雅各把"晉荐饑"譯爲"Tsin was suffering a second time a season of scarcity"[22]，也沒有跟從杜《注》。

即使在高本漢的《左傳注釋》中，杜預和理雅各的意見，也往往被列爲不同類，如該書第 30、57、72、76、90、103、121、122、146、149、157、182、188、198、214、224、234、249、275、284、292、299、302、303、304、325、373、385、392、399、407、416、432、435、451、454、462、473、492、493、496、499、507、521、543、551、552、559、561、568、571、574、581、582、595、609、617、640、649、654、655、657、682、689、691、726、743 諸條皆是，高本漢顯然自相矛盾。

三

理雅各翻譯《左傳》，並非像高本漢所說，幾乎完全遵照杜《注》；不過，他比較多采用杜《注》，

---

[21] 同注 4，頁 223。

[22] James Legge, *The Chinese Classics,* Vol. V, p.161.

卻是事實。他的譯本中載有不少參考書目[23]，不過，
他的書目仍有所缺漏。而且，即使參考書目中的書，
他也有觀采未遍，考慮未周之處，因此，他的翻譯
的確也有一些訓詁問題。例如僖公二十八年《左傳》
記述晉楚城濮之戰前，楚國的令尹子玉追逐晉軍，
晉軍退走。軍吏說："以國君（指晉文公）而退避
臣下（指子玉），是恥辱；而且楚軍在外已久，疲
憊不堪，我們爲甚麼要退走？"晉國大夫子犯說：
"師直爲壯，曲爲老，豈在久乎！（出兵作戰，理
直則氣壯，理曲則氣衰，豈在於在外邊時間的長久
哩！）微楚之惠，不及此。退三舍辟之，所以報也。
（沒有楚國的恩惠，我們的國君沒有今天。退九十
里躲避他們，是作爲報答。）背惠食言，以亢其讎，
我曲楚直，其眾素飽，不可謂老。我退而楚還，我
將何求？若其不還，君退臣犯，曲在彼矣。"杜預
解釋"以亢其讎"說："亢，猶當也；讎，謂楚也。"
[24]"理雅各受杜《注》影響，把"微楚之惠……不
可謂老"譯作：

---

[23] James Legge, *The Chinese Classics*, Vol. V, "Prolegomena",
pp.136-146.

[24] 同注 4，頁 272 上。

But for the kindness of Ts'oo, we should not be
in our present circumstances; and this retreat of
three stages is to repay that kindness.　If the
marquis showed ingratitude for that and ate his
words〔See the Chuen at the end of the 23d
year〕, so meeting Ts'oo as an enemy, we
should be in the wrong and Ts'oo would be in
the right;--- its host would be as if it had
abundant rations, and could not be pronounced
old and *wearied*.[25]

其實，《國語‧晉語四》也記載了子犯這番話：

> 子犯曰："二三子忘在楚乎？偃也聞之：戰
> 鬥，直爲壯，曲爲老。未報楚惠而抗宋，我
> 曲楚直，其眾莫不生氣，不可謂老。若我以
> 君避臣，而不去，彼亦曲矣。"[26]

《左傳》"亢其讎"，《國語》作"抗宋"。王引

---

[25] James Legge, *The Chinese Classics,* Vol. V, p.209.

[26] 《國語》(上海古籍出版社，1978 年 3 月第 1 版，1982 年 9 月
第 2 次印刷)頁 379。

之（1766-1834）《經義述聞》引王念孫（1744-1832）
曰：

> 杜訓亢爲當，故以讎爲楚，其實非也。……
> 此言亢者，扞蔽之意。亢其讎，謂亢楚之讎
> 也。楚之讎，謂宋也。亢楚之讎者，楚攻宋，
> 而晉爲之扞蔽也。《晉語》曰："未報楚惠
> 而抗宋"，是其明證矣。（韋《注》："抗，
> 救也。"《說文》："抗，扞也"。抗與亢
> 通。《列子·黃帝篇·釋文》曰："抗，或
> 作亢。"——原注）凡扞禦人謂之亢，爲人
> 扞禦亦謂之亢，義相因也。昭元年《傳》曰：
> "苟無大害於其社稷，可無亢也。"又曰：
> "吉不能亢身，焉能亢宗？"（杜《注》：
> "亢，蔽也。"——原注）二十二年《傳》
> 曰："無亢不衷，以獎亂人。"皆是扞蔽之
> 義。[27]

王念孫列舉了許多證據，說明亢借作抗，意爲扞衛；
"亢其讎"，就是扞衛楚的讎敵宋國。Burton Watson

---

[27] 見《皇清經解》（臺北：復興書局，1961）卷 1196 頁 25b-26a，
總頁 12889。

把同一段《傳》文譯作：

Were it not for the kindness that Ch'u showed
our ruler in the past, how would he have
reached his present position?　He agreed to
withdraw his forces for a distance of three
days' march in order to repay that kindness.
1f he were to ignore that kindness, go against
his promise, and instead protect Ch'u's enemy,
Sung, then we would be guilty of bending
procedures and Ch'u would be in the right.
Ch'u's would be in the right.　Ch'u's men are
obviously well-fed — one could never say they
are on their last legs.[28]

Burton Watson 的譯文，比較符合《傳》文的意思。
王引之《經義述聞》，見於理雅各英譯參考書目[29]；
不過，理雅各跟隨杜《注》，而沒有采用《經義述
聞》所載王念孫的意見，未免可惜。

---

[28] Burton Watson, *The Tso chuan,* p.58.

[29] James Legge, *The Chinese Classics,* Vol. V, "Prolegomena", p.142.

又如《左傳》隱公元年："莊公寤生，驚姜氏，故名曰寤生，遂惡之。"理雅各譯為"Duke Chwang was born as she was waking from sleep〔the meaning of the text here is uncertain〕, which frightened the lady so that she named him Woo-shang（=born in waking）, and hated him……"[30]，這顯然受杜《注》"寐寤而莊公已生"[31]的影響。杜預對"莊公寤生"的解釋，前人已有疑之者，如明初趙汸（1319-1369）《春秋左氏傳補注》即引《史記‧鄭世家》："生太子寤生，生之難。及生，夫人弗愛。"趙氏的結論是："蓋以為難產也。"[32]趙氏《春秋左氏傳補注》，見於理雅各英譯《左傳》參考書目[33]，可是理雅各卻好像沒有參考他的意見。此外，明末焦竑（1541-1620）引同期人吳元滿[34]說云："據文理，寤當作逜，音同而字訛，逜者，逆也。凡婦人產子，首先出者為順，足先出者為逆。莊公蓋逆生，所以

---

[30] James Legge, *The Chinese Classics*, Vol. V, p.5.

[31] 同注 4，頁 35 上。

[32] 見《通志當經解》第 26 冊頁 14876 上，臺北大通書局據清康熙 19 年〔1680〕刻本景印，1969 年版。

[33] James Legge, *The Chinese Classics,* Vol. V, "Prolegomena", p.140.

[34] 萬曆時人，生卒年不詳。

驚姜氏。"[35]

　　清代臧琳（1650-1713）《經義雜記》對這個問題有更詳細的探討，臧氏說：

> 杜《注》："寤寐而莊公已生，故驚而惡之。"
> 《正義》曰："謂武姜寐時生莊公，至寤始
> 覺其生。"《太平御覽》三百六十一引《風
> 俗通義》云："不舉寤生[36]。俗說：兒墮地
> 便能開目視者，謂之寤生；舉寤生子妨父母。
> 謹案：《春秋左氏傳》：'鄭武公娶於申，曰
> 武姜，生莊公及共叔段。莊公寤生，驚姜氏，
> 因名寤生。'武公老終天年，姜氏亦然，安
> 有妨其父母乎？"余以應、杜兩說皆非是。
> 若寤寐時子已生，兒墮地便能開目，武姜何
> 至驚而惡之？案《史記·鄭世家》云："生
> 太子寤生，生之難。及生，夫人弗愛。後生

---

[35] 見《焦氏筆乘》續集卷 5 頁 15b，《粵雅堂叢書》第 9 冊。

[36] 《太平御覽》361 卷《人事部二》引《風俗通義》首句本作"不
　　舉寤生子"，次句作"俗說：兒墮地未能開目視者……"，見
　　清光緒 18 年〔1875〕南海李氏照嘉慶歙鮑氏仿宋本重刻，學
　　海堂復校本第 32 冊卷 361 頁 6 下。

少子叔段，段生易，夫人愛之。"然則寤生
者，難生之謂也，史公之解甚精。《爾雅。
釋言》："逜，寤也。"郭《注》："相干寤。"
《釋文》云："孫本逜字作午。"又《說文》：
"午，牾也。五月，陰气午逆[37]，冒地而出。"
"牾，逆也。从午，吾聲。"《說文》與《爾
雅》義同，逜字當從孫叔然作午。寤即牾之
通借字，寤生者，謂牾逆難生，蓋交午於產
門，久而不得下，往往有母子交斃者，故武
姜驚也。依杜《注》，宜云"寐生"，不當
曰"寤生"。[38]

　　臧氏《經義雜記》，收載於《皇清經解》。《皇
清經解》見於理雅各英譯《左傳》參考書目，可是，
據理雅各自言，他所用過《皇清經解》收載的書計
有：顧炎武《左傳杜解補正》、萬斯大《學春秋隨
筆》、毛奇齡《春秋毛氏傳》、《春秋簡書刊誤》、《春
秋屬辭比事記》、惠士奇《春秋說》、江永《春秋地
理考實》、沈彤《春秋左傳小疏》、惠棟《春秋左傳

---

[37]　《說文》本作"陰气午逆陽"。見《說文解字詁林》（臺北：
　　　商務印書館，1970）頁 6639b。
[38]　同注 27，卷 196 頁 24b-25a，總頁 1873-1874。

補注》、莊存與《春秋正辭》、焦循《春秋左傳補疏》、
馬宗璉《春秋左傳補注》、劉逢祿《公羊何氏釋例》、
《公羊何氏解詁箋》、《發墨守評》、《穀梁廢疾申
何》、《左氏春秋考證》、《箴膏肓評》、趙坦《春秋
異文箋》、凌曙《公羊禮說》、王引之《經義述聞》，
[39]臧琳《經義雜記》卻不在其中。其實，臧氏《經
義雜記》討論有關《左傳》的問題不少。理雅各不
把它包括在參考書目之內，不能不說是一種疏忽。

　　先秦典籍通借字很多，王引之《經義述聞・自
序》說："訓詁之指，存乎聲音，字之聲同聲近者，
經傳往往假借。學者以聲求義，破其假借之字而讀
以本字，則渙然冰釋；如其借之字而強為之解，則
詰籟為病矣。"[40]理雅各有關"瘳"字的處理，就
有"如其假借之字而強為之解"，以致"詰籟為病"
的問題。

　　理雅各英譯《左傳》的訓詁問題，也有些不是
受杜《注》影響的。例如魯僖公三十年（公元前 630

---

[39] James Legge, *The Chinese Classics*, Vol. V, "Prolegomena", p.140-
　　142.

[40] 《經義述聞・自序》頁 1，《四部備要》第 420 冊。

年），晉文公、秦穆公率兵圍鄭，鄭文公派燭之武
見秦穆公，力陳亡鄭不利於秦。秦穆公終與鄭人盟，
派秦大夫杞子、逢孫、楊孫戍鄭，然後退兵。魯僖
公三十二年（公元前 628 年）冬天，晉文公卒，杞
子自鄭派人告訴秦國說：“鄭人讓我掌管他們國都
北門的鑰匙，如果潛師前來，便可以得到鄭國的國
都。”秦穆公請蹇叔提意見，蹇叔說：“勞師以襲
遠，非所聞也。師勞力竭，遠主備之，無乃不可乎？
師之所爲，鄭必知之，勤而無所，必有悖心。且行
千里，其誰不知？”其中“勤而無所”這一句話，
前人頗有不同解釋。宋代林堯叟（？-？）解釋爲“勤
勞而無所得”。[41]理雅各把“勤而無所，必有悖心”
譯爲：“Our soldiers, enduring the toil, and getting
nothing, will become disaffected.”[42]他很明顯是受林
堯叟的影響。

　　顧炎武（1613-1682）《左傳杜解補正》認爲“勤
而無所”是“言師勞力竭，而無所用”[43]。很明顯，

---

[41] 見《左傳杜林合注》卷 14 頁 8b，《四庫全書珍本四集》（臺北：
　　商務印書館，1973）第 79 冊。

[42] James Legge, *The Chinese Classics*, Vol. V, p.221.

[43] 同注 27，卷 1 頁 17a，總頁 23。

不論把 "無所" 解爲 "無所得" 或 "無所用"，都
有增字解經的問題。沈欽韓《春秋左氏傳補注》說：

> 若出師時，示以所爲之事，則鄭亦自有間諜
> 傳告；若患其漏洩，勞師于不知所往，則軍
> 士必將怨潰。[44]

換句話說，沈氏釋 "所" 爲 "處所"，這就沒有增
字解經的問題。

　　總之，理雅各的翻譯，受杜《注》影響較深，
於他說觀采未遍，因此在訓詁方面，仍偶有失誤之
處。

四

　　《左傳》有一些訓詁問題，聚訟紛紜。高本漢
《左傳注釋》和楊伯峻《春秋左傳注》，就這些問
題作出結論。如果根據他們的結論去看理雅各的翻
譯，有些時候會發覺理雅各譯文所采取的說法，跟
他們的結論不同。考據之學，在大多數情況下是後

---

[44] 同注 10，卷 588 頁 10b，總頁 6686。

出轉精。因此，有些讀者會以爲理雅各的翻譯有問
題。不過，好些情況卻仍須斟酌。例如文公十三年
《左傳》記述晉國人擔心投奔秦國的士會受秦國任
用，對晉國造成威脅，於是使魏壽餘假裝率領魏地
的人叛變，以誘士會返回晉國。魏壽餘在秦國朝廷
踩一下士會的腳以示意。當時秦康公的駐軍在黃河
之西，魏地人在黃河之東。魏壽餘對秦康公說：“請
派一位在秦國的河東人（指晉國人）而又能夠與魏
地官吏相言語的，我跟他一起先去。”秦康公派遣
士會。士會辭謝說：“晉國人是老虎豺狼。如果他
們違背原來的話，不讓臣下回到秦國來，臣下死，
臣下的妻子兒女也將被誅戮，這對君王沒有好處，
到時不要後悔。”秦康公說：“如果晉國人違背原
來的話，不讓你回到秦國來，而我又不把妻子兒女
送還給你，有河神爲證！”於是士會出發往晉國
去。秦國大夫繞朝贈之以策，曰：“子無謂秦無人，
吾謀適不用也。”

　　繞朝贈給士會的“策”是甚麼呢？杜預《注》
說：“策，馬檛。臨別授之馬檛，並示己所策以展
情。”[45]理雅各把“贈之以策”譯爲“presented to

---

[45] 同注 4，頁 332 下。

him a whip"[46]，就是根據杜《注》。可是，從孔穎達的《疏》中，可以知道服虔（？-？）的說法跟杜《注》不同。服虔的說法是："繞朝以策書贈士會。"[47]孔穎達爲杜預辯解說：

> 杜不然者，壽餘請訖，士會即行，不暇書策爲辭，且事既密，不宜以簡贈人。《傳》稱以書相與，皆云與書。此獨不宜云"贈之以策"，知是馬檛。[48]

劉文淇不同意孔穎達的辯解，他說：

> 古人贈言，慮其遺忘，故書於筴。秦納魏邑亦大事，壽餘之來請，秦之議遣士會，士會之行，必非一日中可竟。繞朝請留士會而不得，乃書策以詔之。何不暇書策之有？疏駁皆非。[49]

---

[46] James Legge, *The Chinese Classics*, Vol. V, p.264.

[47] 同注 45。

[48] 同上。

[49] 同注 12，頁 557。

《韓非子‧說難篇》記載："繞朝之言當矣，其爲
聖人於晉，而爲戮於秦也。"[50]沈欽韓《春秋左氏
傳補注》說：

> 此繞朝所贈，即下文二語戒厲之辭（指"子
> 無謂秦無人，吾謀適不用也"──引者）。
> 秦人不察，以爲繞朝輸情于士會，故被戮。
> [51]

此外，李貽德《春秋左傳賈服注輯述》說：

> 傅氏《左傳補注》曰："蓋朝曾言於秦伯，
> 請留之。"若然，則所贈之策之言，當即留
> 會之言，以隱示秦之有人，雖請留之言，不
> 著於《傳》；然《傳》曰："吾謀不用"，
> 當有其事矣。[52]

又劉勰（466?-?）《文心雕龍‧書記篇》說：

---

[50] 陳奇猷校注：《韓非子集釋》（香港：中華書局，1974）頁 223。

[51] 同注 10，卷 589 頁 2b，總頁 6694。

[52] 同注 10，卷 764 頁 12b-13a，總頁 8871-8872。

> 春秋聘繁，書介彌盛，繞朝贈士會以策，子
> 家與趙宣以書。[53]

可見劉勰也贊同服虔的說法。

高本漢認為杜預說 "is tempting but perhaps somewhat too ingenious"，而服虔說 "may be safer"。[54]楊伯峻沒有明確表示意見，只是說策有二義，一為策書，一為馬檛，服虔主前一義，杜預主後一義，劉勰《文心雕龍》則用服義。[55]

讓我們平心考慮。《左傳》說：

> 壽餘曰：「請東人之能與夫二三有司言者，
> 吾與之先。」使士會。士會辭，曰：「晉人，
> 虎狼也。若背其言，臣死，妻子為戮，無益
> 於君，不可悔也。」秦伯曰：「若背其言，
> 所不歸爾帑者，有如河！」乃行。繞朝贈之

---

[53] 黃叔琳等注：《文心雕龍輯注》（香港：中華書局，1973）卷 5 頁 19a。

[54] Bernhard Karlgren, "Glosses on the Tso Chuan", p.62.

[55] 同注 14，頁 596。

　　以策，曰：“子無謂秦無人，吾謀適不用也。”

　　魏壽餘的話說完之後，秦伯是否立即派遣士
會，士會是否立即起行，《左傳》都沒有清楚說明。
如果是立即派遣士會，士會立即起行，則繞朝根本
沒有機會向秦伯說話，請求把士會留在秦國，更不
可能把留士會的一番話寫在策上，或另書策爲辭贈
士會。因此，劉文淇、沈欽韓、李貽德所說的，都
是基於假設——假設秦伯不是立即派遣士會，士會
不是立即起行。至於杜預以“策”爲馬檛，也不是
完全不可能。士會既然要往晉國去，便要騎馬或乘
坐馬車，正好需要馬檛。繞朝送他馬檛，接着說“子
無謂秦無人，吾謀適不用也”等話，是自然不過的
事。因此，我們不宜斷然否定理雅各的翻譯。當然，
如果理雅各在注中把服虔說也介紹給讀者，讓讀者
自行斟酌，便更爲理想。

　　《左傳》中這類不易解決的訓詁問題頗不少，
理雅各多但采一說，於其他各說往往沒有詳細剖
析，未免是一種遺憾。

後記

　　本集所收五篇文章，〈高本漢《左傳》作者非魯國人說質疑〉曾刊載於香港大學亞洲研究中心出版的《東方文化》第 29 卷第 2 期，〈讀杜預《春秋經傳集解序》五情說小識〉曾刊於《燕京學報》新二期，〈論章炳麟《春秋左傳讀》時或求諸過深〉曾刊於《管子學刊》1998 年 3 月出版的《春秋經傳國際學術討論會專刊》，其他兩篇至今尚未發表，其中〈訓詁與翻譯——理雅各英譯《左傳》管窺〉，曾宣讀於慶祝香港大學中文系成立七十周年國際學術研討會，〈錢鍾書《管錐篇》杜預〈春秋序〉札記管窺〉，則曾於臺灣大學 1999 年 5 月舉辦之周易與左傳學術研討會中宣讀。

　　本書承文史哲出版社印行，北京清華大學中國思想文化研究所所長李學勤教授賜序，臺灣師範大學丁善雄教授、香港大學同事鄺美蘭女史、許子濱博士、陳以信先生協助出版，良深銘感，謹此誌謝。

單周堯

二〇〇〇年一月於香港大學